社会科「個別最適な学び」授業デザイン

理論編

宗實 直樹 著

Naoki Munezane

JN032807

明治図書

　そもそも「個別最適な学びとは何か？」という問いからのスタートでした。答申や指導要領，関係書籍を読み漁り，自分なりに解釈し，実践を繰り返しました。実践しては悩み，また考え実践する。それの繰り返しでした。

　そういう意味で，本書は「挑戦の書」と言っても過言ではありません。実践したことをまとめていくと，膨大な量となりました。はっきりと分けることは難しいですが，便宜上〈理論編〉と〈実践編〉の２冊に分けました。本書はその〈理論編〉となります。〈理論編〉とはいえ，多くは実践を通して論じ，できるだけ実践紹介も含めて説明します。

　第１章では，「個別最適な学び」の全体像を概観します。「個別最適な学び」が目指しているところ，社会科との関わり，協働的な学びとの関わりなどについて説明します。また，「個別最適な学び」がなぜ今言われるようになったのか，個別概念を巡る歴史について説明します。個別の概念は今にはじまったわけではありません。ずっと昔から脈々と受け継がれてきているものであることが見える内容にしています。

　第２章では，「個別最適な学び」を考える上での14のポイントを挙げました。これだけで十分とは言えませんが，私が現時点で考える内容を網羅しました。実際に私が実践したことや理論立てたことだけでなく，各参考資料の中から紹介しているものもあります。「個別最適な学び」の理論や実践は，過去から積み上げられてきた遺産であることも確認していただけます。できるだけ多くの書籍にあたり，その中から「原資料」として記している部分もあります。

　また，本章はどの項からも読んでいただけるように構成しています。読者の皆様が気になる項からお読みください。それぞれの項が関連し合い，密接に結びついている内容もあります。行きつ戻りつ，内容のつながりや差異を楽しんでいただけると幸いです。

本書の執筆にあたって，本文中に紹介した文献並びに，数多くの資料を参考にさせていただきました。多くの知見をいただけたことに対する感謝の意を表します。参考にした資料の中から，200近くの資料を本書の中で紹介しています。気になる箇所，さらに深く追究したい箇所があれば，各項末の〈参考資料〉をご覧になり，原典にあたってください。きっと本書がそのナビゲート役になるはずです。

　「『個別最適な学び』ってどうするの？」
　「子どもたちを個別に学習させればいいの？」
　このような声が多く聞こえ，方法論が先に立つような感じがします。しかし，大切なのは「誰一人取り残さず全員の学習権を保障すること」「自立した学習者を育てる」という理念です。理念を実現するための方法は無数にあります。どのようにアプローチしていくのかを模索し続けることが重要です。ですので，きまった型や「こうすればうまくいく！」というようなものはありません。今まで積み上げられてきた理論や実践に敬意をもち，自ら実践を繰り返すしかありません。自分自身が大切にしてきたことを再確認し，「観」や「技」をアップデートしていくことが重要です。本書がそのきっかけになれば，これ以上の喜びはありません。

　事例は社会科を中心に書いていますが，その他の教科教育にも適用しながら考えていただければ幸いです。
　本書が，社会科を通した教科教育における「個別最適な学び」を考える上での「はじめの一歩」となることを願います。

宗實　直樹

目　次

社会科と
「個別最適な学び」

1 | 「個別最適な学び」と「協働的な学び」は手段

　はじめに確認しておきたいことは、「個別最適な学び」と「協働的な学び」を実現することが目的ではないということです。「個別最適な学び」と「協働的な学び」を一体的に充実させ、主体的・対話的で深い学びを実現し、子どもの資質・能力を育成することが目的です。

　資質・能力の育成が、持続可能な社会の形成や各個人の豊かな人生につながります。社会科では、「広い視野に立ち、グローバル化する国際社会に主体的に生きる平和で民主的な国家及び社会の有為な形成者に必要な資質・能力」を育成するための手段として捉えることができるでしょう。「個

別最適な学び」と「協働的な学び」を実現すること自体はもちろん重要ですが、その先につながる目的を忘れないようにしたいものです。

　では、社会科において育成するべき「資質・能力」や、社会科における「主体的・対話的で深い学び」はどういうものでしょうか。以下に説明していきます。

2 | 社会科の目標

　「小学校学習指導要領（平成29年告示）解説　社会編」には、社会科の目標について次のように記されています。

　　社会的な見方・考え方を働かせ、課題を追究したり解決したりする活動を通して、グローバル化する国際社会を主体的に生きる平和で民主的

な国家及び社会の形成者に必要な<u>公民としての資質・能力の基礎</u>を次の
とおり育成することを目指す。

（下線筆者）

　さらに，社会科において育成すべき「資質・能力」については下記のよう
に示されています。

①「知識及び技能」
　地域や我が国の国土の地理的環境，現代社会の仕組みや働き，地域や
我が国の歴史や伝統と文化を通して社会生活について理解するとともに，
様々な資料や調査活動を通して情報を適切に調べまとめる技能を身に付
けるようにする。

②「思考力，判断力，表現力等」
　社会的事象の特色や相互の関連，意味を多角的に考えたり，社会に見
られる課題を把握して，その解決に向けて社会への関わり方を選択・判
断したりする力，考えたことや選択・判断したことを適切に表現する力
を養う。

③「学びに向かう力，人間性等」
　社会的事象について，よりよい社会を考え主体的に問題解決しようと
する態度を養うとともに，多角的な思考や理解を通して，地域社会に対
する誇りと愛情，地域社会の一員としての自覚，我が国の国土と歴史に
対する愛情，我が国の将来を担う国民としての自覚，世界の国々の人々
と共に生きていくことの大切さについての自覚などを養う。

（「小学校学習指導要領（平成29年告示）解説　社会編」）

　これらの資質・能力の基礎を育成するために，社会的な見方・考え方を働
かせ，課題を追究したり解決したりする活動を行うことが必要だと目標に記
されています。

3 | 主体的・対話的で深い学びの視点

　「主体的・対話的で深い学び」の視点での授業改善の目的は，子どもに上記のような「資質・能力」を育成し，確かな学力を身につけさせることです。

　中央教育審議会答申「幼稚園，小学校，中学校，高等学校及び特別支援学校の学習指導要領等の改善及び必要な方策等について」に，授業改善の視点となる「主体的・対話的で深い学び」について，その趣旨と活動の方向性が示されています。

視点1 「主体的な学び」

　主体的な学びについては，児童生徒が学習課題を把握しその解決への見通しを持つことが必要である。そのためには，単元等を通した学習過程の中で動機付けや方向付けを重視するとともに，学習内容・活動に応じた振り返りの場面を設定し，児童生徒の表現を促すようにすることなどが重要である。

視点2 「対話的な学び」

　対話的な学びについては，例えば，実社会で働く人々が連携・協働して社会に見られる課題を解決している姿を調べたり，実社会の人々の話を聞いたりする活動の一層の充実が期待される。しかしながら，話合いの指導が十分に行われずグループによる活動が優先し内容が深まらないといった課題が指摘されるところであり，深い学びとの関わりに留意し，その改善を図ることが求められる。

視点3 「深い学び」

　(前略)深い学びの実現のためには，「社会的な見方・考え方」を用いた考察，構想や，説明，議論等の学習活動が組み込まれた，課題を追究したり解決したりする活動が不可欠である。(途中省略)主として社会

的事象等の特色や意味，理論などを含めた社会の中で汎用的に使うことのできる<u>概念等に関わる知識を獲得</u>するように学習を設計することが求められる。

（下線筆者）

（「中央教育審議会答申」平成28年12月）

　深い学びを実現し，資質・能力を育成するための社会科授業を設計する際のポイントは，

> 　「社会的な見方・考え方」を働かせて問題解決的な学習を行い，概念等の知識を獲得すること

　（※答申では「働かせる」ではなく，「用いる」と表現）
だと捉えることができます。
　つまり，子どもたちが「社会的な見方・考え方」を働かせて問題解決的な学習を行い，概念等に関わる知識を獲得するための手段としてあるのが「個別最適な学び」と「協働的な学び」なのです。

4 ｜ 「個別最適な学び」

❶学習者の視点から整理する ●━━━━━━━━━━━━━━●

　2021年1月26日に公表された中央教育審議会答申「『令和の日本型学校教育』の構築を目指して」には，以下のように記されています。

> 　全ての子供に基礎的・基本的な知識・技能を確実に習得させ，思考力・判断力・表現力等や，自ら学習を調整しながら粘り強く学習に取り組む態度等を育成するためには，教師が支援の必要な子供により重点的な指導を行うことなどで効果的な指導を実現することや，<u>子供一人一人の特性や学習進度，学習到達度等に応じ，指導方法・教材や学習時間等の柔軟な提供・設定を行うことなどの「指導の個別化」</u>が必要である。
>
> （下線筆者）

> 　基礎的・基本的な知識・技能等や，言語能力，情報活用能力，問題発見・解決能力等の学習の基盤となる資質・能力等を土台として，幼児期からの様々な場を通じての体験活動から得た子供の興味・関心・キャリア形成の方向性等に応じ，探究において課題の設定，情報の収集，整理・分析，まとめ・表現を行う等，<u>教師が子供一人一人に応じた学習活動や学習課題に取り組む機会を提供することで，子供自身が学習が最適となるよう調整する「学習の個性化」</u>も必要である。
>
> （下線筆者）

> 　以上の「指導の個別化」と「学習の個性化」を<u>教師視点から整理した概念が「個に応じた指導」</u>であり，この「個に応じた指導」を<u>学習者視点から整理した概念が「個別最適な学び」</u>である。
>
> （下線筆者）

　「個別最適な学び」とは，「個に応じた指導（指導の個別化と学習の個性化）」を学習者の視点から整理した概念です。そこには「指導の個別化」と「学習の個性化」が含まれます。以上を踏まえて次のように整理しました。

「指導の個別化」は，学ぶべき事柄が指導にあたる側の人間ににぎられている場合に用いている概念です。基礎的な学力の定着をめざす領域です。一定の目標を学習進度等に応じ異なる方法で学びます。目標は同じです

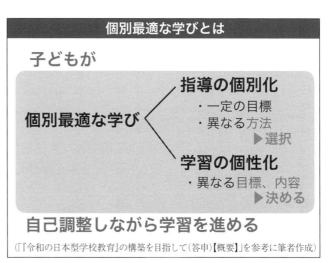

(「『令和の日本型学校教育』の構築を目指して(答申)【概要】」を参考に筆者作成)

が，それぞれが違った方法で学習を進め，学習方法について自己調整を進める必要があります。「教科の目標を達成するために，子どもが様々な学習方法を選んで進める学び」だと言えます。キーワードは「選択する」ことです。

「学習の個性化」は，学習者が学習活動の決定に，なんらかの形で参加している場合に用いている概念です。学習者の個性あるいは特質の伸長をめざす領域です。それぞれ異なる目標について興味・関心に応じて学びます。それぞれの目標や学習内容が違い，学習を広く進めていきます。課題設定や学習計画，学習評価等，学習内容について自己調整を進める必要があります。「子どもが興味・関心に応じて目標や学習内容を自分で決め，自ら追究を進める学び」だと言えます。キーワードは「決める」ことです。

子どもが学習方法を選択すること，子どもが学習する目標，内容を決めることなど，主語を「子ども」にし，子どもに自分で学習を進めているという意識を持たせることが重要です。

奈須正裕（2022）は，「個別最適な学び」には，次のような2つの意味合いが込められていることを説明しています。

①の主語は「教師」で，②の主語は「子ども」です。①はより手段的で②が本質的ですが，①がないことには②は生じません。ですから，①も②もどちらも大切であり，①と②が伴ってはじめて，

①一人ひとりに応じた多様な教材・学習時間・方法等の柔軟な提供

子どもによる学習の自己決定

②自分に最適な学びを自力で計画・実行できる子どもの育成

（奈須正裕『個別最適な学びの足場を組む。』教育開発研究所，2022年を参考に筆者作成）

「個別最適な学び」の十分な実現が可能になります。この，①と②を橋渡しし，①から②を生み出す鍵となるのが，「子どもによる学習の自己決定」だと説明しています。

　教師は子どもが選択したり決めたりできる場を意図的に用意する必要があります。子どもが自己決定し，自己調整しながら学んでいける環境を設定したり授業をデザインしたりすることがポイントです。

　そして，子ども自身が自分にとっての「最適な学び」を見つけ出し，自律的な学びを進められるようになることを目指します。

❷個人差の捉え方

　子どもには「個人差」があります。その捉え方は様々です。文科省（当時は文部省）が1984年に出した『個人差に応じる学習指導事例集』では，個人差について次のように示しています。

(1)到達度としての学力差

(2)学習速度，学習の仕方の個人差

(3)学習意欲，学習態度，学習スタイルの個人差

(4)興味・関心の個人差

(5)生活経験的背景の個人差

また，全国教育研究所連盟が同じく1984年に出版した手引き書，『個別化教育の進め方』の中で，個人差を次のように示しています。

---

(1)進度差

(2)到達度差

(3)学習スタイル差

(4)興味・関心差

そして，進度差や到達度差，習熟度差を「学力的な個人差」の概念，学習スタイルや興味・関心を「個性的な個人差」の概念に大別しています。

その他，各書籍や論文の記述内容等を踏まえて，次のように整理しました。

「指導の個別化」と「学習の個性化」

	指導の個別化 方法概念	学習の個性化 目標概念
目的	学習目標をすべての子どもに達成させ、基礎的学力を定着させること	子どもの興味・関心に基づき、特性や個性を育成すること
個人差	**量的**な個人差 ・進度差 ・到達度差 **個人差を踏まえた指導**	**質的**な個人差 ・学習スタイル差 ・興味・関心差 ・生活経験差 **個人差を生かす指導**
学習モデル	自由進度学習 習熟度別学習 完全習得学習	順序選択学習 課題選択学習 課題設定学習

（安彦忠彦(1980)『授業の個別指導入門』，水越敏行(1988)『個別化教育への新しい提案』を参考に筆者作成）

5 ｜ 「協働的な学び」

❶一体的に充実させること

「『令和の日本型学校教育』の構築を目指して（答申）【本文】」では，「個別最適な学び」を考える上で，次のような指摘もされています。

> 「個別最適な学び」が「孤立した学び」に陥らないよう，これまでも「日本型学校教育」において重視されてきた，探究的な学習や体験活動などを通じ，子供同士で，あるいは地域の方々をはじめ多様な他者と協働しながら，あらゆる他者を価値のある存在として尊重し，様々な社会的な変化を乗り越え，持続可能な社会の創り手となることができるよう，必要な資質・能力を育成する「協働的な学び」を充実することも重要である。
>
> （下線筆者）

> 学校における授業づくりに当たっては，「個別最適な学び」と「協働的な学び」の要素が組み合わさって実現されていくことが多いと考えられる。各学校においては，教科等の特質に応じ，地域・学校や児童生徒の実情を踏まえながら，授業の中で「個別最適な学び」の成果を「協働的な学び」に生かし，更にその成果を「個別最適な学び」に還元するなど，「個別最適な学び」と「協働的な学び」を一体的に充実し，「主体的・対話的で深い学び」の実現に向けた授業改善につなげていくことが必要である。その際，家庭や地域の協力も得ながら人的・物的な体制を整え，教育活動を展開していくことも重要である。
>
> （下線筆者）

「個別最適な学び」と「協働的な学び」は切り離すことができないということです。

❷「共同」と「協同」と「協働」

よく使われる「共同」「協同」「協働」について，国語辞典等を参考に整理してみます。

○**共同**…1つの目的のために複数の人が力を合わせること。
○**協同**…複数の個人や団体が心や力を合わせて同じ目的，共通の利益を
　　　　守るために事にあたること。
○**協働**…同じ目的のために，協力して働くこと。相互作用。

　「共同」は互いに同じ立場や資格に立って力を合わせることですが，「協同」は同じ目的や利益のために物事を行い，関係し合うといった意味があります。「協同」は，共に心と力を合わせて物事を行う意味があり，互いに協力するといった精神面を強調する際に用いられることが多いようです。

　「協働」は，同じ目的に向かって力を合わせ物事を行うという意味では「協同」と同じです。しかし，「協同」は役割分担などが事前に決まっていることが多いのに対し，「協働」はそれぞれ得意分野に合わせてできることをする場合に用いられることが多いです。それぞれの持つ個性や特性を合わせて多様な他者と共に学ぶという感じです。また，「協同」よりも「協働」の方が，より共に行動するという意味合いが強くなります。

　「協働的な学び」は，同じ目的のためにただ力を合わせるというだけでなく，一人ひとりの個性が生かされ，相互作用をおよぼすような学びのあり方だと考えられます。だれもがリーダーシップをとる可能性があり，相乗的に効果を高めるコラボレーションの考え方です。他者の個性を認め合い，それらを包括しつつ学びを広げ，深めていくことと捉えられます。学びの可能性が感じられます。

　「協働」という文字を使っているところに，「個別最適な学び」と結びつけ，「一体的に充実させる」ことの意味や意図を読み取ることができます。

❸GIGA スクール構想 ●━━━━━━━━━━━━━━━━━━━━━●

　また，個別最適が言われるようになった背景の1つに GIGA スクール構想があります。「1人1台端末」なので個別の意識が強いですが，端末は協働を促し，個々の学びをつなげるためのツールと捉えることができます。

　1人1台端末環境が整うことで，「協働的な学び」は大きく広がりを見せ

ます。時間や空間を超えた学びが実現し，今までにはなかった協働的な子どもたちの姿を見ることができます。

（「『令和の日本型学校教育』の構築を目指して（答申）【概要】」を参考に筆者作成）

6 ｜ 履修主義と修得主義

「『個別最適な学び』と『協働的な学び』を一体的に充実する」とは，「履修主義」と「修得主義」を適切に組み合わせることだと中央教育審議会の答申（2021年1月26日）では述べられています。

> 現行の日本の学校教育制度では，所定の教育課程を一定年限の間に履修することでもって足りるとする**履修主義**，履修した内容に照らして一定の学習の実現状況が期待される**修得主義**，進学・卒業要件として一定年限の在学を要する**年齢主義**，進学・卒業要件として一定の課程の修了を要求する**課程主義**の考え方がそれぞれ取り入れられている。 （太字筆者）

> **修得主義や課程主義**は，一定の期間における個々人の学習の状況や成果を問い，それぞれの学習状況に応じた学習内容を提供するという性格を有する。個人の学習状況に着目するため，個に応じた指導，能力別・異年齢編成に対する寛容さという特徴が指摘される一方で，個別での学習が強調された場合，多様な他者との協働を通した社会性の涵養など集団としての教育の在り方が問われる面は少なくなる。 （太字，下線筆者）

> 一方で，**履修主義や年齢主義**は，対象とする集団に対して，ある一定の期間をかけて共通に教育を行う性格を有する。このため修得主義や課

程主義のように学習の速度は問われず，ある一定の期間の中で，個々人の成長に必要な時間のかかり方を多様に許容し包含する側面がある一方で，過度の同調性や画一性をもたらすことについての指摘もある。

（太字，下線筆者）

　これらの考え方の，それぞれの特徴を押さえることが重要です。次のようになります。

〈修得主義〉

　→一定期間における個々人の学習の状況や成果を問うもの

　　○個に応じた指導，能力別・異年齢編成に対する寛容さという特徴がある

　　△個別での学習が強調された場合，多様な他者との協働を通した社会性の涵養など集団としての教育のあり方が問われる面は少なくなる

〈履修主義〉

　→ある一定の期間をかけて共通に教育を行うもの

　　○学習の速度は問われず，ある一定の期間の中で，個々人の成長に必要な時間のかかり方を多様に許容し包含する側面がある

　　△過度の同調性や画一性をもたらすことについての指摘がある

　これらの「履修主義と修得主義を組み合わせる」とは，

○　「個別最適な学び」及び「協働的な学び」との関係では，

　・個々人の学習の状況や成果を重視する修得主義の考え方を生かし，「指導の個別化」により個々の児童生徒の特性や学習進度等を丁寧に見取り，その状況に応じた指導方法の工夫や教材の提供等を行うことで，全ての児童生徒の資質・能力を確実に育成すること，

　・修得主義の考え方と一定の期間の中で多様な成長を許容する履修主義の考え方を組み合わせ，「学習の個性化」により児童生徒の興味・関心等を生かした探究的な学習等を充実すること，

> ・一定の期間をかけて集団に対して教育を行う履修主義の考え方を生かし，「協働的な学び」により児童生徒の個性を生かしながら社会性を育む教育を充実すること
>
> が期待される。　　　　（「『令和の日本型学校教育』の構築を目指して（答申）【本文】」）

ということです。

次のように整理してみました。

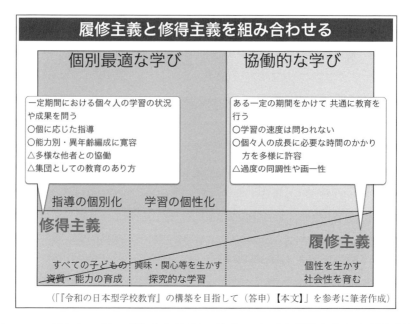

（「『令和の日本型学校教育』の構築を目指して（答申）【本文】」を参考に筆者作成）

キーワードとしては，「確実な資質・能力の育成」「探究的な学習」「社会性を育む」ことが挙げられそうです。

これらのバランスをとっていくことが重要です。例えば，個々人の学習の成果を重視することを考えた個別の学びのみに重点が置かれると，人と協力・協調するなどの社会性は育まれるのかという疑問が生じます。逆に，一人ひとりの個性を生かす教育のみに重点が置かれると，すべての子どもの資質・能力の育成は担保されるのかという疑問が生じます。教科教育や総合的

な学習の時間，特別活動等，それぞれの長所を踏まえバランスのとれた柔軟な教育課程のあり方を考える必要があります。

　教室の中では，協働をベースにしながら子どもたちがゆるやかにつながるというイメージが理想なのかもしれません。ゆるやかにつながりながら，個人の目標や学級の目標を達成できるようにしたいものです。

7 ｜ 学習者理解

　個別最適な学びは，主語を子どもにして学習を考えることです。

　大切なことは，一人ひとりの学びを見取り，一人ひとりの子どもに応じてきめ細かく指導することです。

> 　これからの学校においては，子供が「個別最適な学び」を進められるよう，教師が専門職としての知見を活用し，子供の実態に応じて，学習内容の確実な定着を図る観点や，その理解を深め，広げる学習を充実させる観点から，カリキュラム・マネジメントの充実・強化を図るとともに，これまで以上に子供の成長やつまずき，悩みなどの理解に努め，個々の興味・関心・意欲等を踏まえてきめ細かく指導・支援することや，子供が自らの学習の状況を把握し，主体的に学習を調整することができるよう促していくことが求められる。
>
> （下線筆者）

　答申の，「これまで以上に子供の成長やつまずき，悩みなどの理解に努め，個々の興味・関心・意欲等を踏まえてきめ細かく指導・支援すること」という部分に着目します。

　このきめ細やかな指導や支援があってこその主体的・対話的で深い学びになります。一言で言えば教師の「子ども理解」です。これは社会科だけに言えることではありませんが，社会科特有の子ども理解の方法もあると考えられます。

　「子ども理解」で考えられる方法として「カルテ」や「座席表」の実践があります。詳細は，本書第2章 pp.45〜52をご覧ください。

2 「個別最適な学び」の歴史的背景

　最近は「個別化」「個性化」などの言葉が多く並ぶようになりました。「個別」の概念は新しいのか。そんなことはありません。ずっと以前から言われてきたことです。少し時代を遡って見ていきます。

1 ｜ 「個別」概念の歴史的展開

❶明治時代における「個別」概念の萌芽 ●────────────────

　明治5年の学制の発布が，わが国の近代学校制度のはじまりでした。その頃は，知識注入，技能修得の授業が普通でした。やがて，ペスタロッチの問答法による開発主義的教授法が取り入れられました。明治20年代後半，開発主義的教授法から，予備，提示，比較，総括，応用という五段教授をもって行うヘルバルト主義教授法へと大きく転換していきました。どちらも「教授法」と称しているだけに，教師中心授業で，子どもたちの個性を重視しているとは言えませんでした。

　明治30年代は，授業の実践や理論において，20年代よりも活発な議論が展開されるようになります。この時期，わが国の小学校就学率は急上昇し，明治35年には，就学率が90%を超えます。

　教授理論においては，教師中心の統制的な教授から，子どもの学習活動を重視する活動主義への移行が見られました。樋口勘次郎が『統合主義新教授法』を著したのがこの時期です。樋口は教師主導のわが国の教授を批判し，子どもの学習活動を重視する「活動主義」を主張しました。子どもの学習活動を重視する新教育の思潮が色濃くあらわれ，体系的な理論づけを行いました（「新教育」とは，旧来の教師中心の画一的，注入主義的教育を批判し，子どもの生活，活動，興味を中心にした教育課程，教育方法を試みるというもの。19世紀末から20世紀初頭にかけて欧米先進諸国を中心に世界的にが広

がった）。

　『統合主義新教授法』が発刊された明治32年，アメリカではデューイが『学校と社会』を出版します。その中で，デューイは従来の教育について次のように批判しています。

　「伝統的な教育においては，すでにでき上がっている教材を子どもに提示することに多くの力が入れられてきた。子どもはほとんどもっぱらこのすでにできあがっている教材について暗誦する一途な責任を負わされているだけである。そのため，子どもが問題を自分自身のものとして認識し，かくしてその解答を発見するために自ら注意を行使するにいたるように子どもを導くことには，ほとんど考慮がはらわれていなかった。問題の自己提起を確保するための条件が全く無視されていたのである」

　「為すことによる学習」を提唱するデューイならではの言葉だと捉えることができます。

　画一化した学級教授を大きく批判したのが，『分団式動的教育法』で有名な及川平治でした。及川は次のように述べています。

　「教師が教えたから児童の知能が発展するのではなくて，児童が学んだから知能が進歩するのである。ゆえに真に教えるとは真に学ばせる事である」

　及川は，学級の授業に分団（可動分団式）を取り入れた分団式教育を実践します。及川（1910）は，分団式教授を次のように説明しています。

　「分団式教授（グループ，システム）は学級教授の利益を保存しその不利益を除去せんがために個別教授を加味せるものにして実に全級的個別的教授の別名に外ならず」

　分団にすることで，学習に遅れる子どもの救済や予防に重点を置きました。すべての子どもに「真に学ぶこと」を可能にする方法を考え，実践しました。「個別化」の考え方はここにもあらわれています。

❷花開く「大正自由教育」

　このような「新教育」は特に日本の大正時代に大いに盛り上がりました。いわゆる「大正自由教育」です。

篠原助市の新カント派理想主義に基づき「個性の尊重」が共通の理念となりました。篠原教育学は，友人である手塚岸衛の実践によって，「千葉の自由教育」として開花し，成城小学校，奈良女高師附属小学校とともに全国の学校に大きな影響を与えました。

　赤井米吉によって日本に紹介されたドルトン・プランは，1923年には成城小学校の澤柳政太郎らによって実践されたという記録もあります（ドルトン・プランとは，個性啓発，自由と協同を尊重することを原理とした大胆な教育法のこと）。

　また，奈良女高師附属小学校主事を務めた木下竹次の個別教育も有名です。大正中期の木下の実践と著作には，子どもたちの「自己学習」を強調し，教師の直接的教授をできるだけ避ける姿勢が見られます。木下の「学習法」は，「自立的学習法」です。子どもの学習力を尊重し，個に応じる指導を強調してその学習論を展開していきました。

　しかし，中央政府の弾圧とその後の戦争によって，自由教育は十分に広がりませんでした。

❸戦後の「新教育」と1960年代の「現代化運動」　●━━━━━━━━●

　戦後，アメリカの教育の影響を受け，「新教育」は再度日本でも盛り返してきました。新しい教科として誕生した社会科は，主体的な問題解決学習を盛んにし，多様な学習活動を展開しました。また，社会科を核とするコア・カリキュラムや生活カリキュラムを編成する学校も出てきました。「個性」重視の教育が行われました。

　しかし，その後また，勢いをなくしていきます。その1つのきっかけは，1957年の「スプートニク・ショック」です。ソ連が世界で初めて人工衛星を打ち上げたそれです。アメリカは危機感を抱きました。「新教育」などという，なまぬるいことをしていては駄目だと批判するようになりました。学力の大幅な低下が問題となり，最先端の知識を詰め込むことこそ必要だという考え方に傾斜していきました。1960年代の教育の「現代化運動」です。そこでは，教師中心の注入主義的な教育，画一的な多人数教育が行われました。

学習内容の過大に伴い，子どもたちがその内容を消化するゆとりがなく，授業を流さざるを得ない状況が生まれました。もっと学習者中心の教育を展開していかなければいけないという反省も出てきました。

　また，多人数教育は一斉指導という形態を取ります。その中で「個が埋没している」ということが学校教育の重要課題として指摘されてきました。これまでの画一化された日本の教育から，多様化，つまり多様な価値選択ができる能力を育てていく必要があると指摘され，1960年代に入ってからは「個別化」という用語が，学習指導上の用語として公認されるようになりました。元来この語は，広義に用いられていた「個別指導」の下位概念のようなものとして扱われていました。授業研究が盛んに行われるようになった1950年代後半から，学習指導面でも使われることが多くなりました。「授業における個別化」ということが言われるようになったのは，1960年代，プログラム学習が普及したからです。

❹1970年代以降の「個別化」ブーム ●━━━━━━━━━━━━━━━━━●

　1970年代になると，再び子ども中心の教育という考え方が広がりました。オープン教育やフリー・エデュケーション等，様々な形で主張や実践が出てきました。それらを総称してヒューマナイゼーション（人間化）という言い方がよく用いられました。学校教育の人間化です。

　そして1971年に中教審答申，いわゆる「四六答申」から，「国民の教育として不可欠なものを共通に修得させるとともに，豊かな個性を伸ばすことを重視しなければならない」「個人の特性に応じた教育方法によって，指導できるように改善されなければならない」というお達しが出ました。個別最適な学びの考え方がここで登場しました。臨教審の答申も四六答申を受け，「個性重視の原則」によって貫かれ，21世紀に向けて学校教育の画一化，閉鎖性を打破し，個人の尊厳，個性の尊重，自由自立，自己責任の原則を確立することの重要性を説きました。

　その後，「個別化」「個性化」が主張されるようになり，1970〜80年代は個別化がブームでした。

こちらは今回「個別最適な学び」をまとめるに当たって目を通した書籍の一部です。

〈「個別化教育」に関する書籍〉

・上田薫（1992）『個を育てる力』明治図書
・野瀬寛顕（1968）『学び方の教育』黎明書房
・石川勤（1973）『自ら学ぶ能力』黎明書房
・辰野千寿（1991）『個性を生かす学ばせ方　改訂版』図書文化社
・波多野誼余夫 編（1980）『自己学習能力を育てる　学校の新しい役割』東京大学出版会
・安彦忠彦（1980）『授業の個別指導入門』明治図書
・加藤幸次（1982）『個別化教育入門』教育開発研究所
・愛知県東浦町立緒川小学校（1983）『個性化教育へのアプローチ』明治図書
・全国教育研究所連盟 編（1984）『個別化教育の進め方』小学館
・加藤幸次（1984）「小手先の対応に終ることを恐れる」『社会科教育別冊No.2』「若い教師のための個性・特性を生かす社会科個別指導のアイデア」明治図書
・加藤幸次 編著（1985）『個別化・個性化実践に学ぶ　小学校編』明治図書
・加藤幸次，前田光市 編著（1985）『社会・理科の個別化・個性化教育』黎明書房
・加藤幸次，安藤慧（1985）『個別化・個性化教育の理論』黎明書房
・水越敏行（1985）『個を生かす教育』明治図書
・山崎林平（1985）『社会科個別指導入門』明治図書
・山本名嘉子（1985）『国語科個別指導入門』明治図書
・愛知県東浦町立緒川小学校（1985）『自己学習力の育成と評価　続・個性化教育へのアプローチ』明治図書
・水越敏行（1988）『個別化教育への新しい提案』明治図書
・大野連太郎（1990）『やりがいのある社会科指導』図書文化社
・加藤幸次 編著（1991）『個性と自己教育力の育成を目指す授業実践の改革』第一法規
・全国教育研究所連盟（1992）『個を生かす教育の実践　上』ぎょうせい
・全国教育研究所連盟（1992）『個を生かす教育の実践　下』ぎょうせい

・加藤幸次，高浦勝義 監修／全国個性化教育研究連盟 著（1992）『個性化教育実践ハンドブック』学陽書房
・柴田義松（1992）『学び方を育てる先生』図書文化社
・安彦忠彦（1993）『「授業の個性化」その原理と方法を問う』明治図書
・愛知県東浦町立緒川小学校（2008）『個性化教育30年　緒川小学校の現在』

　見ていただければわかるように1980年代は多くの個別化関係の書籍が発刊されています。

2 ｜ 個別化教育導入の理由

❶負の副作用への対応

　先の説明と重なる部分がありますが，日本ではそれぞれの時代で大きな教育改革がありました。

　第一の教育改革は，戦後の教育改革です。戦前の軍国主義，極端な国家主義の教育の否定からはじまりました。

　第二の教育改革は，戦後の復興期から高度経済成長期です。ここでは教育の量的拡大，大衆化，平等化，標準化が行われました。その結果，量的・物的な教育の整備は成功しましたが，精神的・文化的価値の追究がなおざりにされてきました。

　その結果，陰湿ないじめ，子どもの自殺，不登校，非行，家庭内暴力，校内暴力，受験競争，学歴偏重，体罰等が起こるようになってきました。いわゆる負の副作用というものです。

　個別化教育への関心の高まりは，この負の副作用に対する教育の対応として起こってきたものでした。

　教師中心の注入主義な教育，画一的な教育は，日本教育水準を向上させるためには必要な教育システムだったかもしれません。しかし，その結果として，子どもたちの自主性，特に個性を育てるという点で，大きな欠陥を生み出してきたということです。

なぜ「個別化教育」の導入が必要だったのか

第一の教育改革…戦後の教育改革
　　戦前の軍国主義、極端な国家主義の教育の否定

第二の教育改革…戦後の復興期から高度経済成長期
　　教育の量的拡大、大衆化、平等化、標準化
　　　→量的物的な教育の整備は成功したが、精神的
　　　　文化的価値の追究がなおざりにされてきた。

> →陰湿ないじめ、子どもの自殺、不登校、非行、
> 家庭内暴力、校内暴力、受験競争、学歴偏重、
> 体罰　等
> ─── **負の副作用** ───

　個別化教育への関心の高まりは、この負の副作用に対
する教育の対応として起こってきたもの

❷「生涯学習社会」の到来 ●━━━━━━━━━━━━━━━━━━

　我々人類は色々な社会を経てきました。先に述べた工業社会の負の副作用
に対する対応を経て，迎えたのが Society4.0「情報社会」です。インター
ネットの普及で情報が溢れました。そうすることで情報の価値はそこなわれ
てきました。そうなると，知識を保有することよりも知識を生産する力が必
要となりました。常に生産すること，つまり「生涯学習社会」の到来でした。
その知識，知恵を生み出すために必要なことが，対話やコミュニケーション
として重視されるようになりました。

❸求められる人物像の変化 ●━━━━━━━━━━━━━━━━━━

　そして，Society5.0「AI 社会」です。社会情勢やニーズの多様化に合わ
せて，産業構造や働き方が大きく転換し，求められる人材像も変化してきま
した。Society5.0に向けた人材育成の必要性が言われてきました。問いを

持ち，見出した意味を味わい，探究を進めていくこと。その際，身体性を十分に発揮させること。これらは AI には難しいことです。一人ひとりの感性・興味関心に応じた探究を進めていけるようにすることの重要性が感じられます。

Society1.0	狩猟採集社会	縄文
Society2.0	農耕社会	弥生〜江戸
Society3.0	工業社会	明治・大正・昭和
Society4.0	情報社会	平成〜
Society5.0	AI社会	※

　個別化教育・個性化教育のねらいも，究極的には自己改革とつながります。別の観点から言えば，多様性への対応ができる人間の育成が望まれているということです。どの時代にも言われてきていることかもしれません。しかし，以上のことを踏まえると，大きな変革を迎えている今こそ，本気で考えていくべきことだと捉えることができます。

3 ｜ 「個別最適な学び」はメッセージ

　先に述べたように，「個別」の概念は，時を遡れば明治時代から言われ，「個別最適な学び」の考え方は1971年の中教審答申であらわれてきました。
　再度，「個別最適な学び」が強調されるようになったのは，ある種のメッセージ（問いかけ）だと私は感じています。

・本当に個を大切にしているのか？

・授業観や子ども観，教材観など，「観」の転換が必要なのではないのか？

・学び（教科）の本質は何なのか？

など，再度問い直していくべきことが多くあると考えています。

これらの「問い」を基に，第2章では「個別最適な学び」を考える上での
ポイントを述べていきます。別冊の〈実践編〉ではそれらを踏まえた具体的
実践について述べています。

〈参考資料〉

1　「個別最適な学び」とは

・「小学校学習指導要領（平成29年告示）解説　社会編」文部科学省，2017年

・中央教育審議会答申「幼稚園，小学校，中学校，高等学校及び特別支援学校の学習指導要
　領等の改善及び必要な方策等について」2016年

・中央教育審議会答申「『令和の日本型学校教育』の構築を目指して」2021年

・文科省（当時は文部省）（1984）『個人差に応じる学習指導事例集』

・全国教育研究所連盟（1984）『個別化教育の進め方』小学館

・奈須正裕（2022）『個別最適な学びの足場を組む。』教育開発研究所

・安彦忠彦（1980）『授業の個別指導入門』明治図書

・加藤幸次（1982）『個別化教育入門』教育開発研究所

・水越敏行（1988）『個別化教育への新しい提案』明治図書

2　「個別最適な学び」の歴史的背景

・豊田久亀（1988）『明治期発問論の研究　授業成立の原点を探る』ミネルヴァ書房

・豊田ひさき（2020）『「学びあいの授業」実践史　大正・昭和前期の遺産』風媒社

・樋口勘次郎（1982）『統合主義新教授法（復刻版）』日本図書センター

・デューイ（1957）『学校と社会（改版）』岩波書店

・及川平治（1912）『分団式動的教育法』弘学館書店

・及川平治（1910）「分団教育の発達及び経験の帰一」『教育実験界（第26巻，第12号)』

・全国教育研究所連盟 編（1984）『個別化教育の進め方』小学館

・全国教育研究所連盟 編（1992）『個を生かす教育の実践』ぎょうせい

・大野連太郎（1990）『やりがいのある社会科指導』図書文化社

・安彦忠彦（1980）『授業の個別指導入門』明治図書

・苫野一徳（2014）『教育の力』講談社

「個別最適な学び」を実現する！14の勘所

2

1 発想の転換

1 | 子どもは学ぶ存在

　長岡文雄（1977）は次のように述べています。

　「教師は職業意識が強すぎて，たえず子どもに何かを教えようとしたがる。子どもが迷惑をしていることがわかっても，『これだけは教えたことにしないと自分の責任ははたせない』と，子どもを自分につきあわせてしまうことさえある」

　この言葉は，個別最適な学びを考える上でも真摯に受け止めるべき言葉だと感じています。教師は，自分が教えた方が子どもは理解しやすいという認識を持っていることが多いです。「子どもは教えないと学ばない」，本当にそうでしょうか。

　子どもの側から見てみると，それは教師の思い込みでしかないことに気がつきます。これに気づかせてくれるのは，子どもの声であり，子どもの学びの跡であり，子どもが自ら学びを進め学びに没頭している姿です。

　波多野誼余夫と稲垣佳世子（1989）は，次のように述べています。

　「もし教師が今までもっていた学び手に対する見方を一八〇度換え，子どもをこのように能動的でかつ有能な存在と見たらどうだろうか。当然教え方が変わり，それによって子どもも今までよりも，より積極的に，より深く学べるように変わってくるのではないだろうか」

　このことを「学習観のコペルニクス的転換」と呼んでいます。教師の子どもに対する見方が変化すると，間違えることを尊重したり，探索することを奨励したり，子ども同士のやりとりをうながしたりするようになると指摘しています。子どもの学びのあり方が全く違ってきます。

　マリア・モンテッソーリは「子どもは元来，学びとる力を備えている」と

述べています。そう，子どもは自分自身で学びを促進させる力を十分に持っているのです。

　教師は，「子どもをどう教えるか」を考えることから，「子どもがどう学ぶか」を考えることへ発想を転換していく必要があります。

2 ｜ 「子ども観」の転換

　オープン・スクール，自由進度学習で有名な学校が，愛知県東浦町立緒川小学校です。ここで大切にしたいのは，緒川小学校独自の学習形態というよりも，子どもを能動的学習者としてみる「子ども観」です。

　『個性化教育へのアプローチ』(1983) の中では，次のように記されています。

　「新しい子ども観とは，子どもを学習の主体者として再確認することであり，かつ，学習の主体者としての子どもの中に，学習への意欲が本来備わっている，と考えることである。極端な言い方をすれば『教師が教えなければ子供は学ばない』とか『教師が一つひとつ指示し，注意しなければ子どもは遊んでしまう』と考えるのは，教師の身勝手な子ども観ではなかろうか。そうではなくて，子どもたちは本来学びたいと思っており，適切な学習環境さえ与えれば，喜んで学習するものであると考えたい。一斉画一授業による『詰め込み教育』に慣れてしまった教師にとって，このことは信じがたいと映るかも知れない」

　この「子ども観」があってこそ，成り立つものがあります。

　そして，教師の役割について次のように記されています。

　「子どもたちの前に立ってひっぱっていく一斉指導を見直し，子どもたちの自学する力を信じて，無用な教え込みを避け学習環境を整えることによって自学を推進させるようにすることである」

　教師はやはり教えたがりです。もちろん教えることは必要です。しかし，その「教えすぎる」ことを減らし，子どもが主体的に学ぼうとする機会を増やしていく必要があるのではないでしょうか。教師がいなくても子どもの学

習が成り立つことが望ましいです。教師がいらないとなると寂しくも感じます。しかし，教師がいらなくなることこそ喜ばしい学びの状態だと感じるようにしたいものです。

　教師の役割とは何なのか，考え直す必要があります（教師の役割については別冊の〈実践編〉で詳しく述べます）。

3 ｜ 教師は伴走者

　教師主導の授業では，教師が決めたねらいに沿って教材研究がなされます。授業のよしあしは，教師が設定したねらいにどれだけの子どもが到達したかで判断されます。例えば，研究授業の協議会で，ねらいに到達させるための教師の教育技術に関する話題に終始するという場面も多く見られます。

　子ども主体の授業では，教師は支援者であり，伴走者です。そういう授業では，子どもが教師の想定を超える瞬間を見ることができます。

　平野朝久（1995）は，次のように述べています。

　「教師が該当の領域について，通常の意味での指導に長けていたわけではないが，子どもの生み出した結果の水準が高く，それを見た人たちから思わず感嘆の声が聞こえるのである。実際に子どもが示す姿は教師の予測を超え，教師も知らなかった優れたアイディアが出されたり，新しい発見があったりすることが珍しくない」

　教師主導の授業では，子どもを自分の想定内の中で捉えようとしてしまいがちになります。子ども主体の授業では，子どもが教師の想定を十分に超えていく余裕が生じます。

　教師は伴走者として子どもと共に追究していくなかで，驚き，困り，考え，喜び，困り，感動するようになります。私自身，1人1台端末が導入され，子どもに任せる学習が増えた際，ワクワクドキドキ胸が踊りました。子どもと共に追究する喜びを感じました。それは，子どもと共に生きている喜びとも言えます。目の前で，私の想定を超えた学びを子どもたちが繰り広げたことに，心から嬉しくなりました。子どもの「想定外の学び」に喜び，その子

どもの姿から私たち教師が学ぶ姿勢を持つことが重要です。

4 | 一斉授業がすべてではない

　一斉授業のみがあるべき姿だと考えていれば，そこからの脱却を図るべきではないでしょうか。教師が一斉授業をすることで達成できるものはあります。しかし逆に，教師が一斉授業ばかりで進めるからこそ失われているものもあります。

　例えば，教師の与える「問い」が本当によいのか（教師の問いを考えているうちに子どもの中にある「問い」は消えてしまうのではないか）。ふり返りを書かせる教師のタイミングは本当によいのか（子どもが書きたいと思う内容とタイミングを自己決定する機会を失ってしまうのではないか）。教師の指示や説明は本当に子どもが思考するための土台となっているのか（子どもが考えたいことに対する本当に必要な資料を選ぶ機会を失ってしまうのではないか）。

　以上のようなことを考え直す必要もあります。

　逆に，個別最適な学びの考え方や実践が広まるにつれ，「一斉授業が悪」といった雰囲気にもなりかねません。一斉授業がいいのか，個別学習がいいのか，それは教科，単元，1時間の学習内容によります。また，その時間に何をねらっているのかにも大きく影響されます。

　一斉授業を止めるべきだということではありません。一斉授業のみを中心に進めてきた学校教育のあり方を問い直し，一斉授業，個別学習，それぞれのよさを捉え直すことが必要です。そして，それらを基に，授業デザイン，学習デザインを組み立て直す必要があるということです（詳細は pp.62～をご覧ください）。

　今まで当然のように行ってきたことを一度捉え直し，また新しく組み立てていく必要があります。自身の方法を一度壊し，立て直すことは容易ではありません。しかし今こそ，その勇気を持ちたいものです。

5 │ 個別学習は「発想」

　個別学習が方法論として語られることが多くなりました。しかし，個別学習の本質は形態にあるのではなく，その「発想」にあります。

　平野朝久（1994）は，次のように述べています。

　「用意されたものの種類や数の問題ではなく，用意するときの，個々の子どもの特性に合わせるという教師の発想にこそ個別学習の本質があることを忘れてはならない。

　どの学校段階においても，実際には学習者が教師に合わせている場面が多い。見た目には子どもたちが生き生きとしているようでも，実は心の中では教師（の提示するもの）にへつらっていることがあるので注意したい。長岡文雄さんが，極端な例としながらも，次のように述べているが，どこの学校でも大なり小なり見られることのように思う。

　『教師の管理がきびしいと，子どもたちは姿勢をよくし，顔だけは教師の話しが分かったふりをする。「わかりましたか」と問われれば「はい」と威勢のいい声を出す。しかしこれでは，子どもが，やっかいな殿様のお付き合いをさせられているようなものである。子どもたちには耐えられないことである。』」

　一見整然としている授業，生き生きとしているように見える授業でも，子どもの中ではそうでもない授業はよくあります。表面的なものを見るのではなく，子どもの内側にあるものをさぐっていかなければいけないと強く感じます。

　そして，個別学習が形態の問題だと勘違いしてしまうと，個別学習が形骸化してしまいます。「一人ひとりの個性や特性に合わせること」，その意味を十分に考えなければいけません。

6 | 子どもの裁量権

　もともと子どもは様々な学び方で学んでいます。しかし，学校では前を向いて教師の発話に耳を傾け，教師の指示で発表し，話し合い，ノートに書くということが当たり前のようになっています。そのような中，板書を自分たちで書いたり学ぶ場所を選んだり，少し自由度を高めるだけで子どもたちは喜びます。これはある意味，今までそれだけ子どもたちに裁量権がなかったことのあらわれとも言えます。

　子どもたちが様々な学びがあることを知ることも重要です。そして，そもそも子どものこのように学びたいという気持ちを尊重し，子どもがやろうとしていることに価値づけできる教師の眼が必要です。話し合いたいことをお互い話し合うこと，学びの中にある様々な要素を「自分で決める」ということ，自分で調整しながら学びを進めること。その子の学びを豊かにするためにも，子どもの裁量権を大きくしていく必要があります。

　子どもたちの中にある「そもそも学びとは教えてもらうものだ」という概念を取り払うようにしなければいけません。

7 | 「当たり前」を疑う

　個別最適な学びを実現し，「個」の学びを豊かにするために，今まであった「当たり前」を疑うことが必要ではないかと考えています。

　例えば，「板書」や「発問」や「授業案」など，今まで教師側が持っていたものを教師の専有物にしないということです。教師が持つこと，やることが当たり前だったものが多くあります。それらを子どもと共有したり，子どもに渡したりする発想も必要ではないでしょうか。

　「本当にこれは必要なのか」「この意味は何なのか」など，今までやってきたことを再確認する必要があります。また，それらは誰のためにあるものなのか，再度問い直す必要がありそうです。

　1人1台端末環境が実現し，できることが大幅に増えたと共に，様々なこ

とをふり返る機会となりました。その分，迷い，悩み，立ち止まることが増えてきます。子どもの学びのあり方の前に，教師自身のあり方や考え方を変え直し，アップデートさせる必要性を感じています。

8 ｜ 二項対立から抜け出す

　教育の世界にも多くの二項対立的な考え方が存在します。一斉授業か個別学習か，履修主義か修得主義か，デジタルかアナログか，オンラインか対面か，紙か端末か，認知能力か非認知能力か，ゆとりか詰め込みか，系統主義か経験主義か……。数えれば切りがありません。

　苫野一徳（2014）は，教育をめぐる問題は，単純な二項対立で論じられやすいことを指摘した後，次のように述べています。

　「こうした二項対立的な問いの立て方を，わたしは『問い方のマジック』と呼んでいます。『あちらとこちら，どちらが正しいのか？』と問われると，わたしたちは思わず，『どちらかが正しいんじゃないか』と思ってしまう傾向があるのです。

　しかし，教育をめぐる問題（教育だけではありませんが）に，絶対に正しい答えなどまずありません。あちらとこちら，どちらが絶対に正しいかなど，ほとんどの場合，決められるようなものではないのです。肯定派にも否定派にも，それぞれ一定の"理"はあるものだからです。この『問い方のマジック』が，これまでどれだけ教育議論を不毛なものにしてきたかは，いくら強調してもしすぎることはありません」

　そして，建設的に議論するためには，「そもそも何のためか？」という問いにできるだけ共通了解可能な"答え"を解明することが重要だと指摘しています。

　白か黒かはっきりと分けられるほど単純なものはありません。「何のための個別最適な学びなのか？」「何のためのオンライン学習なのか？」「何のための一斉授業なのか？」，その「そもそも」を考え，そこから生まれる発想やアイデア，ビジョンを共有していきたいものです。そうすれば，具体的な

方法を建設的に進めることができます。

　二項対立の中にはグレーゾーンが存在します。そのグレーゾーンを新たな視点で整理したり融合させたりすることで，新たな思考や枠組みを生み出すことができます。対立しそうなものを調和的に考え，お互いを補い合い，新たな価値を創造していくことが重要です。

　二項対立という思考停止状態にならないよう，子どもたちと共に，我々大人にも「柔軟な思考」「しなやかな心」「豊かな創造力」が求められています。

9 ｜ 学びほぐし

　先日，ある学習会で，次のような発言をされた方がおられました。

　「個別最適な学び等，新たな教育用語がどんどん入り，教育界がめまぐるしく変化していることを感じる。今まで30年以上経験しく獲得してさたもの（一斉授業のノウハウ等）を放棄しなければいけないと思うと困惑する」

　ベテラン教師の方でした。年齢を重ねても学び続け，自分を変えていかなければいけないと感じておられる素敵な方だと感じました。それと共に，確かに長年積み上げてきたものを捨て，新たな価値観や考え方，方法を入れていくことは容易なことではないのだろうと感じました。私はまだ20年近くしか教員をしていません。それでも自分の中に固定化され，捨てきれないものがたくさんあるはずです。「こうあるべき」というものがたまっているのかもしれません。

　しかし，今まで手にしてきたものをすべて捨て去るということが重要なのではありません。古く必要なくなったものを捨て，新たなものを入れてアップデートさせていく「アンラーニング」の考え方が重要なのです。

　松尾睦（2021）は，先行研究を踏まえた上で，個人アンラーニングを「個人が，自分の知識やスキルを意図的に棄却しながら，新しい知識・スキルを取り入れるプロセス」と定義づけています。

　また，

　「『アンラーニング』＝『信念・ルーティーンの変更』＝『アップデート型

の学習』＝『入れ替え型の学習』＝『学びほぐし』」

「有効ではなくなった信念・ルーティーンを変更し，有用な信念・ルーティーンを新たに獲得する『アップデート型（入れ替え型）』の学習，つまり『学びほぐし』の学習」

と表現しています。

つまり，アンラーニングとは，今自分が持っている価値観や知識，スキル等を見直し，異なるアプローチから検討する学習法のことです。新しい価値観や知識，スキル等を取り入れやすくする手法だと考えることができます。

急激な環境の変化に対応可能な人材が社会から強く求められているのは周知の通りです。周りの環境に合わせ，時代の変化と共に身につけた自分の考え方や型を問い直し，解体し，再構築していく必要があります。アンラーニングは自分自身をアップデートさせる一助となります。

理屈ではわかりますが，アンラーニングすることは容易ではありません。アンラーニングするには，自分の価値観や信念を問い直す「批判的内省」が必要だからです。「自分が持っている価値観や考え方は今の時代では古いかもしれない」「これまでのやり方では通用しないかもしれない」というように，批判的に見直さなければいけません。自分自身に問い直す姿勢と，アンラーニングの重要性に対する理解があってはじめて意識の変革が可能となります。

また，意識的な行動や無意識化の行動も含めて，「今後の自分はどうあるべきか」という自分のあり方を考え直すことが重要です。定期的に自分自身をふり返ることで，自身が蓄積した知識・価値観・信念・技術をより確かなものにし，能力を向上させることができます。そのために，様々な価値観を持った人々との対話を通して自己を客観的に見つめ直す必要があります。意図的に，多様な他者との関わりを増やせる機会を設ける必要もあります。

松尾氏は，本書の冒頭で，

「『プロフェッショナルになる』ためには，自分の型やスタイルを作り上げなければなりませんが，『プロフェッショナルであり続ける』ためには，確

立した型やスタイルを壊し，新たな型やスタイルへと作り直すことが欠かせません」
と述べています。

　持続可能で，子どもにとって価値ある教師であり続けるために，「変わり続ける勇気」を持ちたいものです。

〈参考資料〉
・長岡文雄（1977）『子どもの力を育てる筋道』黎明書房
・稲垣佳世子，波多野誼余夫（1989）『人はいかに学ぶか』中央公論新社
・愛知県東浦町立緒川小学校（1983）『個性化教育へのアプローチ』明治図書
・平野朝久（1994）『はじめに子どもありき』学芸図書株式会社
・平野朝久 編著（1995）『子どもが求め，追究する総合学習』学芸図書株式会社
・長岡文雄（1972）『考えあう授業』黎明書房
・中山芳一（2018）『学力テストで測れない非認知能力が子どもを伸ばす』東京書籍
・苫野一徳（2014）『教育の力』講談社
・松尾睦（2021）『仕事のアンラーニング　働き方を学びほぐす』同文舘出版

2

「個」をさぐること

1 | 子ども理解

　第1章でも述べたように，個別最適な学びは，主語を子どもにして学習を考えることです。一人ひとりの学びを見取り，一人ひとりの子どもに応じてきめ細かく指導することです。一言で言えば教師の「子ども理解」です。そして，子ども自身の「自分理解」です。

　子ども理解の目的は，一人ひとりの子どもをよく知り，教育実践を子どものためによりよいものにすることです。

　大村はま（1994）も，

　「子どもを知るということ，子ども自身より深く知るということ，親をも越えて子どもを知るということ，これがまず教師として第一のことでしょう」と述べています。子どもを知るということは，愛情を持ってその子に接することです。また，子どもを知るためには，子どもの「表現」を通して目には見えない子どもの世界に近づき，子どもの内面を理解しようとする教師の「見取り」が必要になります。

　子ども理解は，子どもへの共感や願い，教師の人間観や子ども観など教師のあり方を土台として，教師の豊かな子どもの「見取り」で成り立ちます。

　「子ども理解」に関して，私にとっては次のような痛い場面がありました。

　6年生単元「新型コロナウイルスからわたしたちを守る政治」の授業の時，ある子（Aさん）が意見を言いました。「オリンピックを開催して感染が広がったら，日本が他国からたたかれる。日本にとってマイナスしかない」という発言でした。私はその時，感染症が広がるから無観客にするべきか，経済のことを考慮して有観客にするべきかという視点で子どもたちが意見を出してくると考え，構えていました。そのため，「感染症が広がるのを恐れて

44

いるから無観客ということでいい？」と問い返しました。当然Ａさんの真意はそこではありません。日本という国がどういう風に見られるかということを問題視した意見でした。つまり，国際的な視点から考えた意見でした。本授業において，結果的にこのような発言をしたのはＡさんのみでした。Ａさんは，授業後も，日本を守るためだということを強く私に主張してきました。Ａさんのもつこだわり（個性）は強い。その個性を周りに広げて価値づけるチャンスであったのにそれを活かせなかったことが悔やまれます。

　普段の生活の中でのＡさんの思考や本時までのＡさんの発言から考えれば，Ａさんが本時でこのような発言をすることは想定できていたはずです。「個」の思考の筋道を見取れていなかったことから，Ａさんの発言の意図を本時で正確に冷静に読み取ることができませんでした。子どもの思考の筋道を追い，「この子の個性を授業の中で活かす」という意識をより強く持つ必要性を感じました。つまり，「個別最適な学び」を実現しようと思えば，何よりもまず，「個」の学び方を正確に丁寧に捉えることが前提となります。そのためには子どもの学びの跡を見るだけでなはく，教師が子どもの様子や思考の跡を見取ろうとする必要があります。そのために記録し続けることも必要となります。

2 ｜ 子どもをさぐるための教師の記録

❶子どもをさぐる

　先に述べたように，個別最適な学びにおける主語は，「子ども」です。子どもが自分自身にとって最適な学びを見つけることが重要です。しかし，そもそも子どもたちが自分にとって最適な学びを見つけるということは，容易なことではありません。

　教師の手立てや支援，働きかけが必要になります。教師側から言えば，どの子にとってどのような学びが最適なのかを見取ろうとすることが重要です。長岡文雄（1975）は，「子どもをさぐる」という表現を使っています。子どもをさぐり，子どもを捉えようとする教師の姿勢が大切です。ここでは，

「個」を捉えるための教師の記録について紹介します。

❷「カルテ」の実践 ●━━━━━━━━━━━━━━━━━━━━━●

　子どもをさぐるために，教師が子どもの様子や思考の跡を記録し続けることが重要です。有名な実践に静岡市立安東小の「カルテ」の実践があります。上田薫と安東小の協働のもと，1967年に生み出されました。「カルテ」とは，簡単に言えば「教師自身の子どもに関する驚きをメモする」というもので，「カルテ＝事実＋教師の願いや解釈」という意味を持ちます。図のように，動的に子どもを捉えていくということです。

　上田薫（1974）は，「カルテは子どもをとらえるためのたんなる技術的なものではない。それは教育観また人間観に深くかかわるものである。すなわち，人間を動的

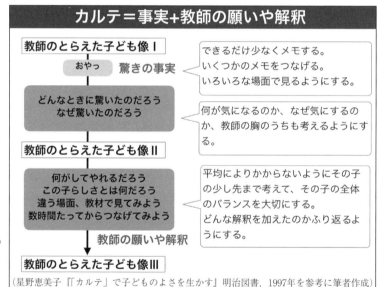

(星野恵美子『「カルテ」で子どものよさを生かす』明治図書，1997年を参考に筆者作成)

に立体的にとらえることから必然的に生まれるものである。しかも人間の思考のありかたを，想像や忘却の特質をもっとも人間的に位置づけ生かす性質をもつものである」
と述べています。星野恵美子（1997）によると，上田は「カルテは広い時間と空間を十分に活用する人間把握」と定義づけていたようです。大村龍太郎（2021）は，

46

「カルテをつけ，それと向き合うことは，あくまでもその子を理解しよう
とする営みであり，決めつけを排除し，時間的空間的に連続した把握をする
ことであり，継続的かつ多面的にとらえようと，教師が自身の見方・考え方，
子ども観，人間観を問い直し続けることそのものなのではないだろうか」
と述べています。ハウツーの方法論ではなく，「観」を捉え直すための本質
論として考えることの重要性を指摘しています。

　子どもを連続的に，多面的にさぐろうとすることで，その子にとっての学
びの価値を見出すことができます。記録を取り続けることは簡単なことでは
ありませんが，「カルテ的な見方」を常に持ち，継続的に子どもたちをさぐ
っていこうとする「まなざし」を持ち続けたいものです。

❸記録の取り方 ●━━━━━━━━━━━━━━━━━━━━━━━━━

　安東小の「カルテ」の取り方としては，次のように述べられています。

カルテ

　イ　カルテは教師が自分の予想とくいちがったものを発見したとき、すなわち「おやっ」と
思ったとき、それを簡潔にしるすべきである。したがって一時間にひとつでもよい。それでも
一日に数個は書ける。一週間やればひとりの子にひとつずつくらいにはなる。それを二か月つ
づければ、ひとりにつき最低四つ五つはメモできるであろう。あまりデータが多すぎては、か
えって成功しにくいとも言えるのである。

　ロ　時間中にちょっと書きとめることが肝要である。授業直後に補足してもよいが、それにた
よるようだと長つづきしにくい。子どもたち相互のディスカッションを活用すれば、メモする
余裕にはこと欠かぬずである。

　ハ　それぞれの子どものデータを、二か月に一度くらい、つなぎ合わせて統一のための解釈を
行う。けれどもその時結論をあせらず、むしろ味わうことがたいせつ。しだいに眼が肥えてき
て、やがてレベルの高いメモが作れるようになる。

　ニ　つなぎ合わせが生きるためには、つなぎ合わせにくいデータであることが必要である。い
わば違った眼でとらえられたものであることが、互いに矛盾し合うものであることがだいじで
ある。だから同一教科のものだけではおもしろくない。データのあいだの距離が、長い眼で見
つづけていると、いつのまにかしぜんにうまっていくところに妙味がある。

　ホ　だからカルテに決まった形式はない。形は個人個人が使いやすいように考えるべきだし、
だんだん変化発展もするだろう。カルテは教師がイマジネーションをぞんぶんに発揮してたの
しむ場なのである。したがって、時々出してみては解釈と感想と期待とを書きつけることが望
ましい。

（上田薫，静岡市立安東小学校『ひとりひとりを生かす授業　カルテと座席表』明治図書，1970年，pp.15-16より）

理念や方法はわかります。やればいいこともわかります。しかし，「ここまでなかなかできないな……」というのが実際の声ではないでしょうか。

現実的にやりやすい方法を提案します。逆説的な言い方になりますが，全員を詳細に捉えようとしないということです。上田薫（1974）は，

「ほんとうのところ，そういう精細な研究は数人の子どもについてだけでよい。その他の子どもはその数人と比較したりかかわらせたりしてわかってくるし，まずなによりも教師自身の眼がゆたかになって，他の子を深く追えるようになるのである」

と述べています。まずは数人を追うことで教師の見る眼も豊かになり，他の子どもも関わりの中から見られるようになるということです。

さらに上田（1988）は，

「ひとりに着目することは，その子との関係において他をもみること」

と述べています。

長岡文雄（1983）は，

「〈この子〉を内奥に迫ってとらえていくとき，芋蔓のように，他児も関連して姿を現わし，〈この子〉として，その個性的な人間のひだを見せてくれる」

と述べています。

今一度，「徹底的に個を見る」ことで，授業における子どもの思考の流れや一人ひとりの子どもの認識の変化，関係性の理解を客観的に把握していく必要があります。

例えば，右図のような形でまずは3名を選んで日々記録を取り続けることからはじめます。

記録の取り方

○3人を抽出する

・Aゾーン，Bゾーン，Cゾーンから1人ずつ

・いずれかのゾーンの中から3名

・最近の学習の中で気になる子から3名

・最近の生活の中で気になる子から3名

・普段あまり声をかけていない子から3名

・発話が少ない子から3名

▶3名との関わりで他の子も記録するようになる

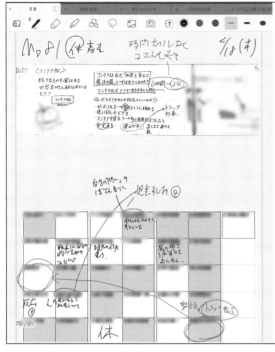

**ノートアプリ
「GoodNotes 5」**

iPad mini

座席表

座席順ではなく名前順で
1年間固定する。

　▶視覚的に連続的記録
　　しやすくなる

　３名の選び方は色々考えられます。学級の実態やその時の状態に応じて教師が選択することが大切です。

　また，３名を記録し続けるうちに，その子との関わりの中で他の子の記録も取るようになります。

　まずは持続可能な形からはじめたいものです。

❹何を使って記録するのか

　私はノートアプリの「GoodNotes 5」を使ってよく記録します。上のように座席表の中にメモを取ります。

　iPad内の「メモ」アプリでさっと手書きでメモを取り，後でメッセージングアプリの「Slack」を使って時系列で記録を整理することもあります。

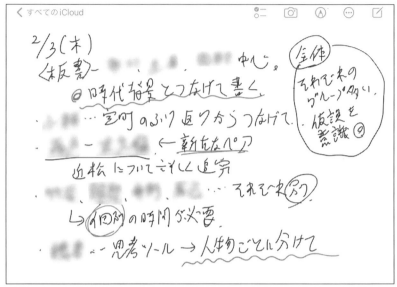

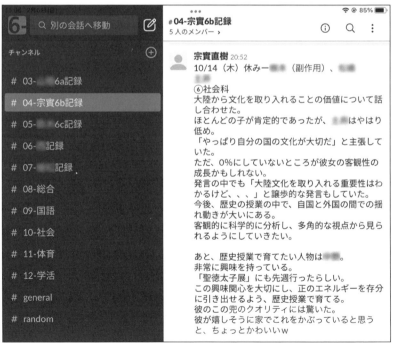

方法は様々です。自身に合う方法で，持続可能な形で続けることが重要です。子どもをさぐるために，多面的に継続的に子どもの記録を取り続けます。

❺記録を取るということ ●━━━━━━━━━━━━━●

　「記録を取る」という意識が働けば，必然的に子どもをよく「みる」ようになります。

　その場，その瞬間の子どもを「点」として捉えることはもちろんですが，継続的に「線」として捉えるようになります。

　また，じっくりと「みる」という心理が働きますので，子どもをみるために待とうとします。そうは言っても待てずに瞬間的に判断してしまい，失敗することもあります。そんな時，待つことができていなかったことを自覚し，自身の言動を改善するきっかけにもなります。

　そして，様々な子どもの活動の様子を見取りたいがために，子どもに任せることが増えてきます。よくも悪くも記録するので，一つひとつの出来事に寛容になれます。

　「子どもを待つ」「子どもに任せる」という言葉はけっこう簡単に使ったりしますが，本当にそれだけの覚悟があるのかどうかは，「記録」の事実が証明してくれるような気がしています。

　「記録を取る」ということは，子どもに対して誠実に謙虚に対応できるようになるということかもしれません。

「記録を取る」ということ

○子どもを「みる」ようになる

○子どもを線で捉えるようになる

○子どもを待てるようになる

○子どもを待てなかった時の自分に気づけるようになる

○子どもに任せることが増える

小酒井厚子（1991）は次のように述べます。

　「授業中の発言には，ひとりひとりの子どもの物事への見方や感じ方，とらえ方が現れています。ですから，記録やメモの集積は子どもの全体像をとらえるのに大変都合がよいのです。しかも，行動や態度面でのカルテと照合した時，さらに幅と奥行きをもって子どもをとらえる手立てとなります。『どうしてこの子はこんなことをしたのか』といった行動への疑問は，その子の物事の見方や感じ方，とらえ方を知ることで解決されることがあります。ですから，授業記録やメモは，子どもの行動様式の背景を理解する上で欠くべからざるものなのです。

　また，その子らしさは，周りの子や集団との関わりの中で特に顕著に現れます。誰のどういった考え方に共鳴したのか，あるいは反発したのかをとらえることで，教室における人間関係がその子なりのものの見方や感じ方，考え方等が見えてきます」

　記録を取る時に意外な事実に出合い，その意外性を連続的，統一的に見た時に，子どもの全体像が見えてくるということも述べ，自分の範囲内に入るか否かで，どういう子か決めつけてしまうことの危険性を指摘しています。

3 ｜ 子どもの個性があらわれる子どもの記録

　ICT 端末の持つ「保存性」が，子どもの思考や学びのあり方に大きく影響を与えるようになりました。その中の大きなものの一つは，ログ（データ履歴）です。

❶単元表

　子どもの単元としての学びの跡を残す時，次のような「単元表」を活用しています。

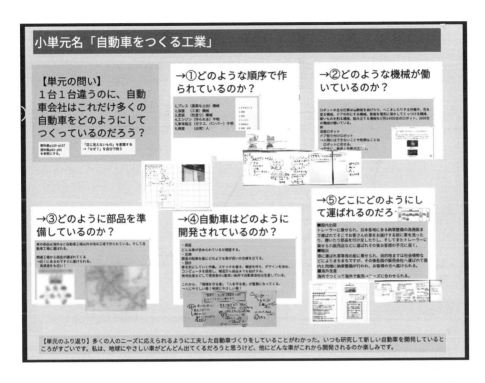

　単元の問い，単元のふり返り，本時のまとめなどを一覧にしたものです。ロイロノートで作成しています（ロイロノートとは，株式会社 LoiLo（ロイロ）が提供しているタブレット用授業支援アプリのこと。以下，ロイロ。ロイロについては本書 pp.158〜をご参照ください）。その子の各時間の学びや，単元を通して何をどのように学んだのかがわかります。「単元表」については本書 pp.62〜をご参照ください。

❷「学習内容」と「学習方法」のふり返り

　次頁の図のように，単元を通しての「学習内容」と「学習方法」についてふり返ります。

　自分の不十分な所も見つけ，俯瞰して学びを捉えることが重要です。

　「先生から」のチェックカードでは，毎回の学習の様子とふり返り内容を鑑みて，教師がそれぞれの項目にチェックを入れます。子どものふり返りに

対する教師の評価です。子どもの次の学びにつながるように願いを込めます。

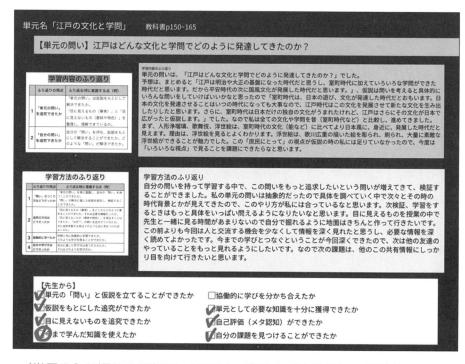

（単元のふり返りや評価については，別冊の〈実践編〉で具体的に示しています。）

❸本時のふり返り

　次のように，本時のふり返りもログとして残していきます。

今日の学び
今日は、■■さん、■■さん、■■さんと一緒に4人で過ごしました。
基本的に1人でやっていましたが、たまに交流もしました。

今日私が特に学んでいたことは、雪舟と書院造です。

書院造は、掛け軸、ふすまなど、「国風文化」な部屋でした。
そこで、掛け軸に描く墨画を所有者は欲しました。
一方で、雪舟は、中国、その頃の明に行き、墨画の技術を学びました。画家としては初めてだったそうです。
日本に帰ってきた雪舟は、そりゃ画家としての仕事が欲しかったんではないかなと推測しました。逆に書院造では、掛け軸を書いてくれる墨画の技術を持った画家が欲しかったはずです。そして、雪舟は、墨画はもともと中国ですが、それを国風文化へと変えました。これは、鳥獣戯画とも繋がるのではないか？と考えました。そこはもう少し学びたいと思います。

ここからは私の妄想です。調べてはいません。
国風文化へと変えた雪舟は、そし墨画は、それはそれは有名になっていくはずです。雪舟が有名になったら、掛け軸が欲しかった書院造の所有者は、雪舟を起用し、描かせたのではないか？と思います。
でもとにかく、きっとそういうふうにしてどんどん墨画が成長し、墨画を描く人も増えていったと思います。

次は、戦国へと続くので、文化系について浅くなってしまうかもしれませんが、その中での文化も探していきたいし、応仁の乱のところも掘っていきたいです。後、鳥獣戯画など、ほかの奈良時代や平安時代、鎌倉時代の文化も考えつつ、進めていきたいと考えています。
次のカードは、私の今日の学びと、1番右のカードは、■■さんのカードです。参考になりました。

　この子は，「鳥獣戯画など，ほかの奈良時代や平安時代，鎌倉時代の文化も考えつつ，進めていきたいと考えています」と書いています。文化を単独で捉えているのではなく，他の文化とつなげたり比較したりしながら連続的に捉えようとしている視点があります。また，「鳥獣戯画とも繋がるのではないか？　と考えました」とあります。他教科（国語）の既習事項とつなげて考えようとしている視点があります。少しずつ，俯瞰して文化史を捉えようとする見方が豊かになっている感じが読み取れます。

❹思考ツール　●━━━━━━━━━━━━━━━━━━━━━━━━━━●

　思考ツールを使いながら，自分の考えや人から得たこと等をまとめています。

　ロイロには数々の思考ツールが入っています。それぞれのツールの説明は教師が簡単にしますが，基本的には子どもが自由に自分で選択して使用しました（使わないことも選択肢の１つです）。どのツールを使うのか，そこに

もその子のこだわりが見られます。

　思考ツールについては，使うことが目的にならないように気をつけます。

　「自分の考えを整理したり表現したりしやすくなるものがあれば使う」という感じです。

　ちなみに，本学級において子どもがよく使っていた思考ツールは，以下の6点でした。

①くらげチャート（具体と抽象の往還）

②キャンディチャート（比較する時）※本来は比較用ではないようです。

③PMI（予想などを分類する時）

④バタフライチャート（賛成，反対の話し合いをする時）

⑤ピラミッドチャート（順位づけ，選択をする時）

⑥データチャート（多角的に考える時）

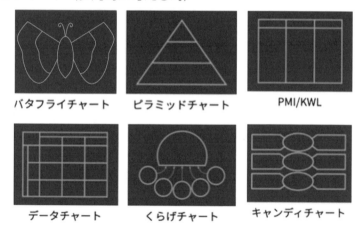

バタフライチャート　　ピラミッドチャート　　PMI/KWL

データチャート　　　くらげチャート　　キャンディチャート

---

4 │ 教師は子どもの学びのパートナー

　子どもが綴った言葉，その表現にはその子の個性が表れます。それを教師がどのように読み，どのように子どもに返していくのかを考えることが重要です。子どもが自分の学びをどう解釈しているのか，その子のこだわりは何なのか，子どもの表現からさぐるようにします。

「個」をさぐろうとする行為こそが，教師自身の変革にもなります。記録すれば見えることが出てきます。私たちは，子どもの事実から学び，それを子どもに還元していくことを考えなければいけません。子どもが最適な学びを見つけるための助言者（パートナー）であることが求められます。

5 ｜ 書くことは人を確かにする

　「文字言語」が生まれるまでは，「音声言語」と身ぶりで人はコミュニケーションを行ってきました。やがて文字を発明する部族や民族が現れ，それが広まっていきました。それから人は，「文字言語」と「音声言語」を使い分けてコミュニケーションを取るようになります。

　ウォルター・J. オング（1991）は，『声の文化と文字の文化』の中で次のように述べています。

　「一次的な声の文化がはぐくむ性格構造は，文字に慣れた人びとの間でふつうにみられる性格構造と比べると，ある意味ではいっそう共存的であり，外面的であって，内省的な面が少ない。口頭でのコミュニケーションは人々を結び付けて集団にする。読み書きするということは，心をそれ自身に投げかえす孤独な営みである」

　音声言語が人々を結びつけるという利点について説明し，逆に文字言語は「孤独な営み」と説明しています。しかし，書くことによって言語は視覚的なものになり，詳細な記録を残せることから科学の発展にもつながりました。当然のことですが，言語も果たしてきた役割は大きいです。

　教育現場で考えてみると，どちらかといえば音声言語にスポットが当たっているように感じます。例えば，学習指導要領が示す「主体的・対話的で深い学び」と言われるように，対話的な教育活動として，音声言語のやり取りが実践としても多く感じます。

　確かに，音声言語によるコミュニケーションを通して子どもたちは関わり合い，新たな見方を手に入れることができます。しかし，対話は簡単に成り立つものかというとそうでもありません。波多野完治（1973）は『心理学と

教育実践』の中で，

　「主観的な認識による客観的現実の反映の過程において思考を明確に定式化するために，また現実についてのこれらの思考を，またそれに関連した情動的，美的，意志活動的その他の経験も同様に，社会的に伝達するために，役立つところの言語記号のシステムである」

と述べています。音声言語を受け取るにはそれなりの訓練が必要だと読み取ることができます。

　また，宇佐美寛（2015）は，

　「『対話』は表現・伝達，つまりコミュニケーションの技術なのであり，思考の技術ではない」と述べ，

　「対話という技術には，それ（思考を鍛えること）がない。文章を書いて鍛えられるような部分，つまり思考の中心的部分は，対話では鍛えられない」と述べています。

　本質的に思考をするのは書くこと，つまり文字言語であって，対話という方法は重層的な思考を妨げる害でしかない，と主張しています。教育現場において，「音声言語」のやりとりのみに力を入れるのではなく，「文字言語」の重要性について再確認する必要性を感じます。

　英国の哲学者フランシス・ベーコンは言います。

　「読むことは人を豊かにし，話し合うことは人を機敏にし，書くことは人を確かにする」

と。個別で読み書きを繰り返し十分に思考した上で，協働的に話し合うからこそ，時に応じて心を動かせるような人になるのだと感じます。

　最近ではSNSが広がり，曖昧でもやり取りがすぐにできる文字の世界が新たな「文字言語」として現出しています。子どもたちの「文字言語」について改めて考え直す時なのかもしれません。

6 │ 「個」を位置づけ，願い，待つ

　長岡文雄（1983）は，『〈この子〉の拓く学習法』の中で，次のように述べます。

　「〈この子〉の学習法は，〈この子〉の個性的なものである。個を全体的に統一して生きるものである。従って，その中には，当然，〈この子〉が，「学級の中でどう生きるのか」ということ，「自分の所属する学級の授業をどうつくるか」ということも含まれている。即ち，「わたし」のなかに，「みんな」が位置づく。このことは，〈この子〉が，「みんな」の中に「わたし」を位置づけることでもある」

　一人の「個」が，その子独自のこだわりを持ち，その子独自の学習法を進めると共に，その子の存在が学級の中にも調和し，融和する感覚です。その子の学びが学級に影響を与え，他者の学びがまたその子の学びを変えていきます。〈この子〉が仲間と自分を磨き合います。

- ・今村資泰（1975年）『ひとりを見なおす国語の授業』
- ・小松良成（1975年）『ひとりを見なおす社会の授業』
- ・近藤恒夫（1976年）『ひとりを見なおす算数の授業』
- ・宮崎富士也（1976年）『ひとりを見なおす理科の授業』
- ・清水毅四郎（1977年）『ひとりを見なおす学級経営
　　　　　　　　　　学級経営の実践的検討』

という重松鷹泰指導の，人間教育双書シリーズ（明治図書刊）があります。どの書も一人の「個」に特化して著された，私のお気に入りの書です。

　その中で，今村資泰（1975）は，「ひとりを見なおす」という意義を，3つの視座で捉えています。

　「①ひとりひとりの子どもを，徹底的に凝視すること

　　②ひとりひとりの子どもを注視することによって把持される『子どもの新鮮な可能性の発見』

　　③子どもの新鮮な可能性の発動によって，教師自身が，新鮮で若々しく

　　　　変革させられること」
です。
　正に，一人を追い，さぐろうとし，また捉え直そうとする，教師の覚悟が
そこにあります。教師の試行錯誤と教師の変革の連続です。
　一例として，まずは学級内の３人の子を記録すると先述しました。この２
年間，私は特に一人の〈この子〉（本項冒頭のＡさん）の具体的な姿をずっ
と追い続けてきました。その子の様子とその子の学習の記録の具体を継続的
に見ていきました。すると，その子のものでしかない学び方やその子だけの
こだわりが見えてきました。
　子どもの具体の姿に真実があります。そこに，その子の学びの文脈やくら
しの文脈が生まれ，その子の「物語」が生まれます。子どもの学びの文脈を
読み取り，その子のこだわりを見て，そのこだわりにつき合い，その子と共
に教室でくらしていく姿こそ，本当の子ども理解につながるのではないかと
考えています。そして，その子の「物語」は他の子の「物語」にもつながり
ます。一人の子をさぐることを通して，その他の子の「物語」の理解も深ま
りました。「『具体』をみることこそ，『一般』をみること」だということを
感じさせられました。
　その時，子どもを一面的に捉えようとするのではなく，教師側からの記録
や，子どもの表現からの見取りなど，総合的にさぐろうとする必要がありま
す。また，子どもをさぐり，捉えることは短時間でできるものではありませ
ん。
　倉富崇人（1974）は，『個を生かす社会の授業』の中で，
　「子どもの考えかたをとらえようとするとき一つの仮説をもつことは必要
であるが，結論を急いではならない」
と述べています。教師が子どもの成長を願いつつ，急がずに待ち，さぐり続
けようとする姿勢が必要だと考えます。
　すべての子どもにとって「個別最適な学び」を実現するために最も重要な
ことは，一人ひとりの「個」を見取り，その子にとって何が最適かを捉える

ことです。「個」を見取るとはどういうことか，「個」を見取るために何が必要か，「個」を見取るためにどうあるべきか，私たちは何度も問い直さなければいけません。そして，その子の持つ「物語」を愛しむ気持ちを持ち続けたいものです。

〈参考資料〉
・大村はま（1994）『続編　教室をいきいきと1』筑摩書房
・長岡文雄（1975）『子どもをとらえる構え』黎明書房
・上田薫，静岡市立安東小学校（1970）『ひとりひとりを生かす授業　カルテと座席表』明治図書
・星野恵美子（1997）『「カルテ」で子どものよさを生かす』明治図書
・『考える子ども』№404（2021）
・上田薫，水戸貴志代，森長代（1974）『カルテを生かす社会科　教師の人間理解の深化』国土社
・上田薫（1988）『学力と授業』黎明書房
・長岡文雄（1983）『〈この子〉の拓く学習法』黎明書房
・社会科の初志をつらぬく会 編／小酒井厚子，大坪弘典 著（1991）『座席表授業案の活力』黎明書房
・長岡文雄（1972）『考えあう授業』黎明書房
・ウォルター・J. オング（1991）『声の文化と文字の文化』藤原書店
・波多野完治（1973）『心理学と教育実践』金子書房
・宇佐美寛，池田久美子（2015）『対話の害』さくら社
・小松良成（1975）『ひとりを見なおす社会の授業』明治図書
・今村資泰（1975）『ひとりを見なおす国語の授業』明治図書
・近藤恒夫（1976）『ひとりを見なおす算数の授業』明治図書
・宮崎富士也（1976）『ひとりを見なおす理科の授業』明治図書
・清水毅四郎（1977）『ひとりを見なおす学級経営』明治図書
・森信男，松井史郎，倉富崇人，高階玲治（1974）『個を生かす社会の授業』明治図書

3

単元の授業デザイン

---

1 「一斉授業」と「個別学習」で単元をデザインする

　ここでは，子どもが自己調整しながら学びを進められるようにする1つの手立てとして「単元表」を紹介します。

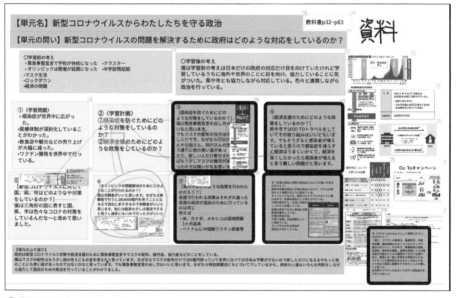

❶「単元表」とは

　「単元表」とは，上の図のように，子どもが学びの跡を記すことができる一覧表です。毎時間の学びの跡を記すので，子どもの学びの履歴書とも言えます。

❷実践事例 ●─────────────────────────────────●

6学年「新型コロナウイルスからわたしたちを守る政治」

具体的に中を見ていきます。

「単元表」の中に①〜⑨のカード（本時の問い）があります。①②⑤⑥は一斉授業で，太枠の③④⑦⑧⑨は個別を中心に学習した時間としています。①②の学習問題をつくり，学習計画をたてる場面は一斉授業で行います。③④では，学習計画に応じて個別に調べていきます。そして，⑤では個別に調べたことを交流し，⑥では個別に調べたことを生かして話し合いをします。そして，⑦⑧⑨は個別学習を中心に進めます。

つまり，一斉授業と個別学習を単元の中に組みこむようにデザインしています。個別学習の時間をより機能させるために，個別にそれぞれが調べたことを全体で共有し，概念を整理します。また，調べたことを生かす時間を設けます。

例えば，⑤の一斉授業では，③と④で調べた感染症対策や経済政策について交流し，多くの政策が行われていることを理解できるようにします。また，それぞれの政策は国だけでなく，県や市が協力して行っていることを捉えるようにします。⑥では，オリンピックの開催を有観客にするべきか無観客にするべきか判断し，話し合います。ここでは，③④で個別に調べ，⑤で交流をして得た知識や概念を生かして話し合うようにします。

⑨では，自分の持っている「問い」に応じて自由学習（気になる所を調べる学習）を設けて調べるようにします。前ページの「単元表」の子どもは，ワクチンのことについて調べています。単元の問いに対する答えが出た後に，それぞれの子どもの持つ興味・関心に応じて学習を進めるようにしています。

この「単元表」は一覧となっているため，全体像と学びの跡が一目でわかるようになっています。そのため，子どもたちにとって見通しとふり返りがしやすくなっています。「問い」の連続性を意識でき，学習全体を構造化して捉え，質的変化も見られます。

本実践の詳細は，『GIGAスクール構想で変える！1人1台端末時代の社

会授業づくり』をご参照ください。

❸「単元表」の捉え方 ●━━━━━━━━━━━━━━━━━━━━●

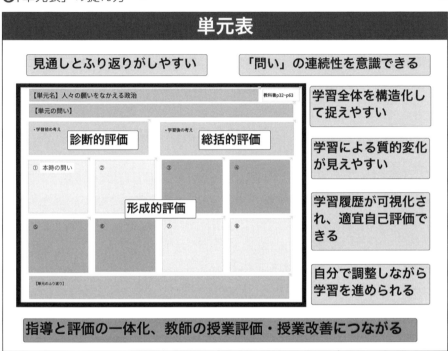

　学習履歴が可視化されているので，適宜自己評価もしやすくなっています。また，文字テキストと画像テキストを挿入することができ，自由につくり変えることができます。ノート画像を入れたり，板書画像を入れたり，文字テキストと画像テキストを加工しやすく，柔軟に変化させやすくなっています。文字テキストによる情報が多い方がわかりやすい子どもと，画像テキストが多い方がわかりやすい子ども，それぞれ自分の学び方に合わせて自由に工夫できるよさがあります。

　「単元表」を書き進めるだけでなく，折に触れて全体を俯瞰し，自分の学んだ内容や学び方を客観的に捉えることも重要です。書き進め，時には立ち

止まり俯瞰して自分の学び方を捉える経験をくり返すことで，自分で調整しながら学習を進められるようになります。

　「単元表」は，子どもだけでなく，教師にとっても有効な機能を果たします。学習前の考えを書かせることで診断的評価を行い，学習後の考えを書かせることで総括的評価を行うことができます。また，子どもの学びのプロセスを追うことで，形成的評価もしやすくなります。子どもの記述内容が十分でなければ，自分自身の授業のあり方についてふり返ることもできます。指導と評価の一体化が行われ，教師の授業評価・授業改善につながります。子どもの学びの事実が，教師のよりよい授業づくりの道標となります。

　この「単元表」が子どもにとって自己調整しながら学んでいくための学びの地図となることを願います。

2 ｜ 「学習の個性化」を意識する

　以上の「新型コロナウイルスからわたしたちを守る政治」の単元について，「個別最適な学びを意識した授業づくり」と題して UD 学会誌で提案しました。

　その際，奈須正裕氏より，

　「今後は，単元をまるごと子どもに委ねる単元内自由進度学習にも挑戦してほしいし，個別学習の課題をもっとオープンなものにしたり，現状の2時間をさらに延ばしても面白いだろう」

　「やや気になったのは，相互学習であるべき一斉授業の位置づけである。子どもたちが『調べたことを生かし』て『理解させる』『捉えさせる』という構造にも見えて，独自学習であるべき個別学習が手段になっていないか心配になった。それでは，個別学習という形態を生かした『教授法』の色彩が強く，『学習法』としては弱い気がする」

という，ご指摘と今後への期待をいただきました。

　そこで，

・時間

・場所

・人

・環境

の視点で授業の形態を変えていこうと思いました。

　これらの点を意識した実践は，別冊の〈実践編〉の「室町文化と力をつける人々」「全国統一への動き」「江戸の文化と学問」で紹介いたします。

3 ｜ 「一斉」と「個別」の見極め

❶一斉授業

　教科，教材，1時間の学習内容において，一斉授業の方が適しているもの，個別学習の方が適しているものがあります。例えば，学習問題を立てたり学習計画を立てたりする場面や，話し合いをする場面は，一斉授業の方が効果的です。その他，社会的な見方・考え方を働かせる場面や獲得した概念を適用する場面などは，一斉授業で行う方が適しているでしょう。

〈見方・考え方を働かせる授業〉

　社会的な見方・考え方を「働かせる」とは，空間的な視点，時間的な視点，関係的な視点に着目して「問い」を設け，比較や分類，関連付け等の思考を経て，社会的事象の様子や仕組みなどを捉えることです。簡単に言えば，子どもたちが，

> 何に着目してどのような「問い」を設け，どのように考えるのか

ということです。

　着目する視点を定めることで子どもたちは社会的事象を具体的に見られるようになり，考えるべき箇所に焦点を当てることができます。そして，その視点をもとに考えることが「社会的な考え方（追究の方法）」だと捉えることができます。

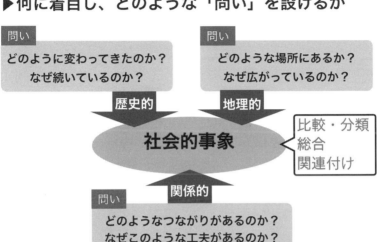

「社会的事象の見方・考え方」を働かせる

▶何に着目し、どのような「問い」を設けるか

問い
どのように変わってきたのか？ なぜ続いているのか？

問い
どのような場所にあるか？ なぜ広がっているのか？

歴史的　地理的

社会的事象

比較・分類
総合
関連付け

関係的

問い
どのようなつながりがあるのか？ なぜこのような工夫があるのか？

追究の「視点」

考えられる「視点」の例		
地理的 位置や空間的な 広がりの「視点」	地理的位置, 分布, 地形, 環境, 気候, 範囲, 地域, 構成, 自然条件, 社会的条件 <div align="right">等</div>
歴史的 時期や時間の 経過の「視点」	時代, 起源, 由来, 背景, 変化, 発展, 継承, 向上, 計画, 持続可能性 <div align="right">等</div>
関係的 事象や人々の相互 関係の「視点」	工夫, 努力, 願い, つながり, 関わり, 協力, 連携, 対策, 役割, 影響, 多様性と共生 <div align="right">等</div>

(澤井陽介, 加藤寿朗 編著『見方・考え方　社会科編』東洋館出版社, 2017年を参考に筆者作成)

地理的，歴史的，関係的な視点に着目するために，教師は資料等を意図的に提示します。そこから問いが生まれ，思考するようになります。つまり，教師の意図的な働きかけによって，子どもたちがよりよく見方・考え方を働かせるようになるということです。

〈知識や見方・考え方を適用する授業〉

適用とは，習得した知識や見方・考え方を，状況が変わってもできるようにしたり，応用がきくようにしたりすることを言います。次の図のように，学習の中で適用する場面を設け，子どもたちが獲得した知識や見方・考え方を適用できるようにします。

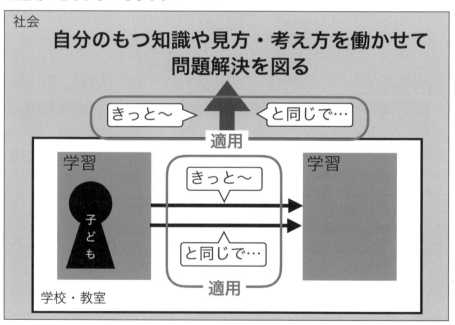

それを繰り返すことで，子どもが社会の中で様々な問題に出合った時に，自分のもつ知識や見方・考え方を働かせて問題解決が図れるようになります。

しかし，知識や見方・考え方の適用は簡単にできるものではありません。その理由として，

・子どもが何を適用させるべきかわかっていない。

・子どもが適用させる機会がない。

ということが考えられます。

　子どもたちが適用させるべきものは，個別的・限定的な見方・考え方や事実的知識ではなく，どこでも使える汎用性の高い見方・考え方や概念等に関わる知識です。それを子どもたちが明確に知る必要があります。子どもたちが授業の中で獲得する概念とそれに関わる知識を教師が明示的に強調し，評価することが重要となります。それをくり返すことで，子どもたちは何を適用するべきかを徐々に理解できるようになります。

　先にも述べたように，子どもが学んだ知識や見方・考え方を別の社会的事象に当てはめようとすることはほとんどありません。だからこそ，教師が適用させる機会を意図的に用意する必要があります。

　5年生「低い土地と高い土地のくらし」を例に説明します。「低い土地のくらし」を学習した後に獲得する知識は，次頁左の図のように海津市のみに通用する個別的・限定的な知識内容です。その後，嬬恋村（高い土地）の事例を学習します。学習後に獲得する知識は，同じく次頁右の図のように嬬恋村のみに通用する個別的・限定的な知識内容です。この2つの事例を重ね，比較することを通して「海津市と嬬恋村は低い土地と高い土地という点では違う。しかし，どちらも土地の特徴や自然を生かして工夫して生活している」という共通点を見出すことができます。一方で得た見方・考え方や概念的知識を，別の社会的事象にも重ねて比較させることで一般化を学んでいきます。

　学習指導要領では，「低い土地のくらし」「高い土地のくらし」どちらか一方を学習すればよいとされています。しかし，あえて低い土地，高い土地，どちらも学習し，一方で得た知識を適用させたほうが，汎用性の高い知識を獲得することができます。

5年生「低い土地のくらし」　　「高い土地のくらし」

教師が重ねさせる
（地形と産業の関わり）

海津市に住む人々は、低い土地の豊富な水を利用して、米作りやれんこんづくりなどを行っている。

嬬恋村に住む人々は、高い土地の涼しい気候を利用してキャベツの栽培を行っている。

海津市と嬬恋村は低い土地と高い土地という点では違う。しかし、**どちらも土地の特徴や自然を生かして工夫して生活している。**

汎用性の高い概念的知識

　以上のように，「社会的な見方・考え方」を働かせて問題解決的な学習を行い，概念等に関わる知識を獲得するような一斉授業を行います。適用する場面を教師が意図的に準備し，一斉授業の中で子どもたちが適用できるようにします。それらをくり返すことで，子どもたちは個別学習の時間でも，社会的な見方・考え方を十分に働かせたり，獲得した概念を適用したりできるようになります。子どもたちだけでは難しいことは一斉授業の中で教師が適切に教え，徐々に子どもたちに委ねていくイメージです（「概念等の知識」とは，「概念的知識」と「価値判断的知識」のこと。「概念的知識」とは，社会的事象の目には見えない関係性を説明するための知識のこと。「価値判断的知識」とは，科学的な社会認識を通した意思決定をするための知識のこと）。

❷個別学習 ●━━━━━━━━━━━━━━━━━━━━━━━━━━━━━━━━●

　子どもたちの興味・関心に合わせて調べる時は個別の方がいいでしょう。子どもたちは自分の持つ「問い」を自由に，自分のペースで調べたいものです。しかし，一斉授業の中で教師から提示された「問い」について考え，調べているうちに，自分の「問い」が消えてしまっていることも少なくありません。子どもたちの「問い」や，子どもたちの追究方法を重視する時は，個別学習が適しています。

　一斉授業の中で獲得した概念等に関わる知識や見方・考え方を活用しながら個別学習を進めるように促すことも重要です。

4 ｜ 有意味学習か機械的学習か

	①発見学習	②受容学習
③有意味学習	有意味発見学習	有意味受容学習
④機械的学習	機械的発見学習	機械的受容学習

（オーズベルが提唱した学習の分類）

　①の発見学習とは，対象との関わりの中から子ども自身が知識を発見・生成する学習のことです。②の受容学習とは，あらかじめ整理された知識を教師から順序立てて教わる学習のことです。子どもが経験し，自ら知識を獲得する発見学習の方が望ましいような感じがします。しかし，大切なのは，③有意味学習になっているかどうかです。

　③の有意味学習とは，その子が所有している既有の知識や経験と適切に関連付けながら進める学習のことです。④の機械的学習とは，既有の知識や経験と一切関連付けることなく丸覚えしようとする学習のことです。

　同じ受容学習でも有意味受容学習であれば，能動的で創造的な思考を常に巡らせ続けています。

　「学習で一貫して大切なのは有意味であることだ」と奈須正裕（2014）は述べます。受容学習であっても有意味な学習は多く存在しています。

すべての授業を発見学習にするのは時間的なことも含め総合的に考えると，現実的ではありません。かといって，いつも受容学習になると子どもたちも退屈するでしょう。

「教えることは教える」「任せることは任せる」。両者のバランスを取りつつ，一斉授業にしても個別学習にしても教科の特質を踏まえながら統一して考え，有意味な学習にしていきたいものです。

5 │ 「個別学習」での教師の役割

「個別学習」において大切なことは，決して放任の学習ではないということを教師が自覚することです。現状の個別学習だけでは不十分だと判断すれば，教師がある子の考えを共有したり，全員に新たな課題を提示したりすることが必要です。もちろん，子どもの思いや願いを無視して教師が出過ぎないように気をつけます。

今井鑑三遺稿集編集委員会（1997）『子どもが生きているか　今井鑑三遺稿集』の中に，「ひとり読み（独自学習）」を育てる要件として次の5つがあげられています。

・教材を選ぶ
・自力で読む要領を会得させる
・問題意識を持って読む
・自問自答の読み
・個別指導の工夫

その中の「個別指導の工夫」とは，一律的な工夫ではありません。あくまでもその子一人ひとりの個性に応じた指導を行うということです。また，子どもの個性に応じてむやみに活動をさせればいいというわけでもありません。奈良女子大附小学習研究会（1974）『学習法の体得』の中に，

「好きにするという手段にとらわれて，その学習内容の本質を曲げることのないようにしたいものである」

「学習内容を直接追究することに興味を感ずるように導くのでなければ意味のないことである」
と記されています。その教科，その学習の本質をしっかりと押さえておくということが前提です。個人への適切な指導が行えるよう，本質を押さえた確かな教材研究をしておくことが重要です。

同書 p.204には，独自学習（ひとり学習）での教師の役割について記されています。
「①子どもの発想を尊重して，子どもの手のつくところから学習を進めさせる。
　②子どもに学習の計画を立てさせたり，その相談に乗ったり，資料や素材を用意したりけいこの時や処などについて助言する。
　③学習がいきづまったとき，その実態を調べ，その原因を洞察して助言する。
　④かいてる絵を破って捨てようとするような子どもに対しては，新しいものが生まれ出ようとしているかどうかを見て，子どもと違った見方ではげます。
　⑤学習が順調のようなときでも惰性で動いているのではないか，その子らしさがあらわれているかをみて適切に助言する。
　⑥学級内の多数の友だちの学習を意識し，その間に協力関係が育つようにする。
　⑦多様な表現活動を行わせる中でも，ノートなどにくわしく自分の考えを書いたりして解決への試案をもつことができるようにする。」

個別学習を進める際のヒントにしたいものです。

6 ｜ 「個別」と「協働」の学習組織

長岡文雄（1983）は，
「自問自答して，自分としての結論を出し，最後に，『○○だからと思いますが，そうですか』と，教師に問うている。学習法を，ここまで拓いてきた。独自学習から，相互学習を求め出すところである。自分で一応かためた考え

を，教師や仲間に検討吟味してもらおうとする方向に動いている」
と述べています。

　また，長岡（1980）はさらに，次のようにも述べています。

　「どの子どもも，まず独自に学習をしなければならない。いや，終始独自
の学習の構えをもち，自らの学習法を開拓しなければならない。その上にこ
そ相互学習の必要も生じ，その効果も大きくなる」

　そして，当時，奈良女子高等師範学校附属小学校による子どもを対象にし
た月刊雑誌である『伸びて行く』（大正10年から昭和２年まで発刊）内の木
下竹次の文を紹介しています。

　　独自学習
　何にかぎらず，先づ，独自で学習してみる。
　疑うて　解いて　解いて又疑うて
　手のつくところから　学習を進める。
　　或は実験実習に依り，
　　或は図書図表により，
　　或は指導者にみちびかれて。
　かくして相互学習に進み行く。
　更に再び　もとの独自学習にもどる。
　ここに著しい　自己の発展がある。

　（独自学習，相互学習とは，木下竹次が提唱した奈良の学習法。独自学習
は，個人が行う自学自習のことです。相互学習は，学習結果を持ち寄り，一斉
学習で解決する学習形態のことです。詳細は『学習原論』を参照して下さい。）

　独自学習（個別学習）の充実が，相互学習（協働学習）を自らすすめるに
至っています。つまり，効果的に協働学習を行おうと思えば，個別学習の時
間が必要になります。個別でとことん調べているからこそ人に訊きたくなり
ます。「みんなで話し合いたい」「聴き合いたい」という気持ちになります。

　逆も然りです。個別学習を機能させるには協働学習を行い，「また個別で

とことん追究したくなった」という気持ちを持つことが重要です。充実した質の高い協働学習を創ることが，さらに深い個別学習を創り出します。

「個別→協働→個別→…」の繰り返しがポイントになります。このように授業デザインすることが，第1章で述べた「個別最適な学びと協働的な学びの一体的な充実」の1つの考え方ではないかと感じています。

個別で没頭する時間は子どもそれぞれです。どれくらいの時間を自分で調べるのが適しているのか，他者とどのように協働するのが適しているのか，子どもたちが自分に適した学びを見つけられるように促すことが重要です。

教師主体の授業の多くは，授業のねらいを達成させる手段としての協働的な学びが行われてきた感じがあります。一方，子ども主体の授業では，自分の学びをつくる目的としての協働的な学びが行われている感じがあります。

つまり，ねらいを達成させたいという教師視点の考え方か，学び方を確立させたいという子ども視点の考え方で協働的な学びのあり方も大きく変わると考えます。

〈参考資料〉
・宗實直樹（2022）『GIGA スクール構想で変える！1人1台端末時代の社会授業づくり』明治図書
・樋口万太郎，宗實直樹，吉金佳能（2021）『GIGA スクール構想で変える！1人1台端末時代の授業づくり2』明治図書
・宗實直樹（2021）『端末導入で変わる授業の「カタチ」』日本文教出版
・堀哲夫（2019）『新訂　一枚ポートフォリオ評価 OPPA』東洋館出版社
・日本授業 UD 学会（2021）『授業 UD 研究』第12号
・宗實直樹（2021）『宗實直樹の社会科授業デザイン』東洋館出版社
・村田辰明 編著／宗實直樹，佐藤正寿 著（2021）『テキストブック　授業のユニバーサルデザイン　社会』日本授業 UD 学会
・奈須正裕，齊藤一弥，佐野亮子（2014）『しっかり教える授業・本気で任せる授業』ぎょうせい
・今井鑑三遺稿集編集委員会（1997）『子どもが生きているか　今井鑑三　遺稿集』
・奈良女子大附小学習研究会（1974）『学習法の体得』明治図書
・長岡文雄（1983）『〈この子〉の拓く学習法』黎明書房
・長岡文雄（1980）『若い社会の先生に』黎明書房
・木下竹次（1923）『学習原論』目黒書店

4 「問い」の吟味

1 | 「問い」を意識する

次の図をご覧ください。

> 「児童が自ら問うて自ら解決せんとするやうに仕向けて行くのでなければ発問の目的を達することが出来ませぬ」
>
> **槇山栄次（1910）『教授法の新研究』**

> 「元来疑問は教師が提出するのは主でなくて学習者が提出することを主とせねばならぬ」
> 「教師の発問は主として学習者の優秀なる疑問を誘発するために使用したい」
> 「学習はけっきょく自問自答のところまでいかねばならぬ」
>
> **木下竹次（1923）『学習原論』**

> 「教師の問は教師の問でありながら、同時に生徒の問である」
> 「教師の問は生徒の問への刺激であり生徒の問を誘発する為の問である。一言に生徒の問の為の問である」
> 「自ら問い自ら答ふることの手引きとしての問である」
>
> **篠原助市（1933）「『問』の本質と教育的意義」『教育学研究』第2巻**

> 「教師発問は、彼らがまだ問う力をもっていないために、彼らの発問を代行する『代理発問』である。発問は子どもが自分で問えるようになることをめざす」
> 「教師の発問は子どもに問い方を教え、彼らの問う力を形成することを目的とする」
>
> **豊田久亀（1988）『明治期発問論の研究　授業成立の原点を探る』**

　明治や大正時代の書籍からの引用です。

　授業では，教師が問う側になることが圧倒的に多いです。しかし実は，子ども自らが自問自答することの重要性は明治や大正の時代から言われていました。子ども自らが自問自答できれば，その子の学びを進めることができます。しかし，実際の授業ではどうでしょうか。子どもはなかなか自分で問うことはできません。どのように問えばいいのかを捉えさせることも難しいでしょう。

まずは下の図のように，どのような問いがあり，どのような視点で見ていくと，どのような知識を導き出せるのかを確認することが重要です。

類型	社会的な見方（視点）			獲得できる知識
	位置や空間的な広がり	時期や時間の経過	事象や人々の相互関係	
知るための問い When Where Who What How	どこで広がったのか どのように広がっているのか	何が変わったのか どのように変わってきたのか	だれが生産しているのか どのような工夫があるのか	事実的知識
分かるための問い Why (How) (What)	なぜこの場所に広がっているのか	なぜ変わっているのか	なぜ協力することが必要なのか	概念的知識
関わるための問い Which	さらにこの場所に広げるべきだろうか	どのように変わっていくべきなのだろうか	共に協力する上でAとBとどちらが必要だろうか	価値的・判断的知識

（澤井陽介，加藤寿朗 編著『見方・考え方 社会科編』東洋館出版社，2017年を参考に著者作成）

2 | 「社会的な見方・考え方」を働かせる

社会科らしい学びにするには，「社会的な見方・考え方」を働かせることが重要です。社会科における個別最適な学びを考えようと思えば，子どもが自ら「社会的な見方・考え方」を働かせて問題解決をしていくことが必要です。

「社会的な見方・考え方」を働かせるためには，「位置や空間的な拡がり」「時期や時間の経過」「事象や人々の相互関係」に着目して問いを設ける必要があります。

「知るための問い」とは，「何があるのか」「どのようになっているか」などと問いかけ，情報収集，読み取り，情報発信をする社会を知るための問いです。「分かるための問い」とは，「なぜか，特色は何か」と問いかけ，事象

相互の関係や意味，特色を考える社会をわかるための問いです。「関わるための問い」とは，「どうしたらよいか」と問いかけ，社会に見られる課題に対して解決の方法や方策を判断する，社会に関わるための問いです。

　それぞれ，「位置や空間的な広がり」に着目して問えば，「どのように広がっているのか」「なぜこの場所に広がっているのか」「さらにこの場所に広げるべきだろうか」という問いになります。「時期や時間の経過」に着目して問えば，「どのように変わってきたのか」「なぜ変わっているのか」「どのように変わっていくべきなのだろうか」という問いになります。「事象や人々の相互関係」に着目して問えば，「どのような工夫があるのか」「なぜ協力することが必要なのか」「共に協力する上でＡとＢとどちらが必要だろうか」という問いになります。

　また，問いによって，子どもたちが獲得できる知識が変わってきます。「知るための発問」は事実的知識を獲得できます。「分かるための発問」は概念的知識を獲得できます。「関わるための発問」は価値的・判断的知識を獲得できます。発問と獲得できる知識の関係性を把握し，知識獲得に関わる発問の分析を行い，知識獲得のレベルごとに発問を計画的に使用することが重要です。

　これらの知識の違いを教師が明確に持つことで，子どもが書いたふり返りの内容を見取りやすくなります。例えば，事実的知識しか獲得できていない子，概念等の知識を獲得できている子を判別しやすくなります。教師が子どもの表現物を見る際の精度が上がるということです。

3 ｜ 「問い」を子どものものにする

　「問い」の一覧は，教師の手元に置いておくだけでなく，子ども自身が持つ必要があります。子どもが使えてはじめて意味があります。次頁の図のように，子ども用に変えたものをデータで送信します。子どもたちは，今後追究する時などには常にこの表を持って学習を進めるようにします。子どもたちに明示的に伝えていくことが重要です。そうすることで，子どもたちは自

分で問い，社会科で大切にしたい「目には見えない意味や特色」を自分で獲得していけるようになります。

分類	見方（視点）			獲得できるもの
	場所	時間	関係	
知るための問い いつ？ どこで？ だれが？ 何を？ どのように？	どこで 広がったのか どのように 広がって いるのか	何が変わった のか どのように 変わって きたのか	だれが生産 しているのか どのような 工夫が あるのか	目に 見える もの 事実
分かるための問い なぜ？ そもそも何？	なぜ この場所に 広がって いるのか	なぜ 変わって いるのか	なぜ 協力する ことが 必要なのか	目に 見えない もの 意味 特色 想い 願い
判断するための問い どちらが～？ ～するべき？	さらに この場所に 広げる べきだろうか	どのように 変わっていく べきなの だろうか	共に協力する 上でAとBと どちらが 必要だろうか	

少し見えにくいですが，次の子の単元表の，右上には「問い」の分類表が置いてあります。常に問いを意識できるように自分で工夫しています。この子は，分類表に従って，「目に見えない意味や特色」を赤枠で囲むようにしています。「目に見えない意味や特色」を自覚的に明記するようにしています。

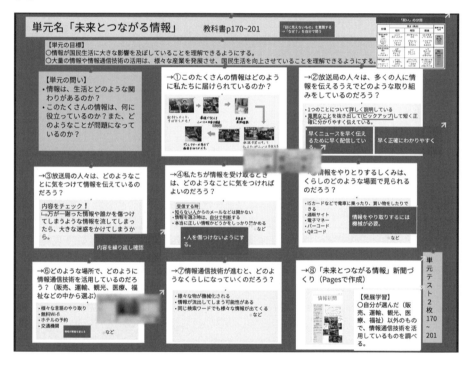

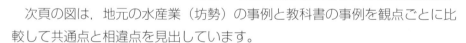

4 ｜ 知識を明示的に示す

　次頁の図は，地元の水産業（坊勢）の事例と教科書の事例を観点ごとに比較して共通点と相違点を見出しています。

　その際，「目に見える事実的知識」は白色のカード，「目に見えない意味や特色」はピンクのカード（アミかけ）に書かせました。そうすることで，自分が今考えて導き出したことは，「目に見えるもの」なのか「目に見えない

もの」なのかを自分で意識することができます。

　端末機器の特徴の１つは「明示性」です。「色を変える」ということが即時的にできるので，子どもたちも手軽に行え，一覧として見やすくなります。社会科として大切にしたい事象の因果関係が見えやすくなります。

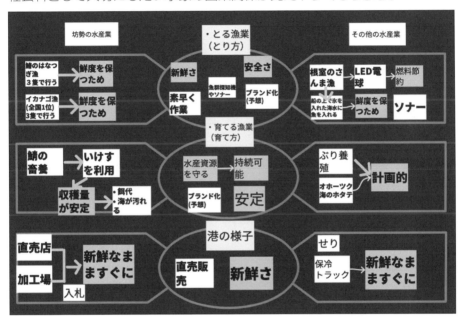

　このように，「問い」を意識すると共に，獲得する知識の質にも着目できるようにします。そうすることで，子どもたちは自分が獲得している知識の質がどのレベルにあるのか自覚的になります。自分自身で追究する際も，「目に見えない意味や特色」を意識しながら学びを進められるようになります。

5 │ 子どもも発問者にする

　青木幹勇（1966）は，『よい発問わるい発問』の中で，「発問を教師だけのものにしない」と題して，「子どもも発問者にする。教師も応答者の側に回る」と述べています。

　教師の発問で動く受け身の学習ではなく，子どもたち自身の自発的な学習。

子どもたち自身が問題を持ち，子どもたち自身の力でそれを解決しようとする学習。子どもが発問し合う授業。個別学習の時は自分自身に自問（発問）し，そして協働学習では，発問し合いながら学習を調整していくような授業です。そのような発想は50年以上前からされていました。その発想を生かした授業づくりを再度考えていかなければいけないと感じています。

　教師は子どもに問い方を教えていくために発問します。子どもたちは，自らの問いを持ってはじめて追究を進めます。自ら問い続ける力をつけることは，明確な答えのない世の中を生きる子どもたちにとって今後一層重要となってきます。

6 ｜ 仮説を立てる

　「問い」を立てた後が大切です。

　「問い」を持ち，自分で予想し，仮説を持って追究していくことが重要です。予想から仮説へと高めていく学習過程を子ども自身でできるようにします。

　次の3つの型が考えられます。

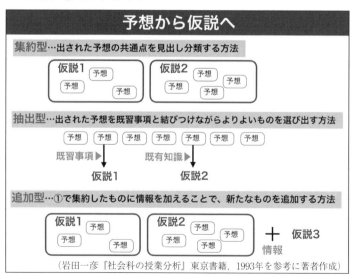

仮説の立て方の詳細は，別冊の〈実践編〉をご参照ください。

　子どもたちには，問いと仮説（予想）をセットで捉えさせることが重要です。

7 | 転移する知識

　「先行き不透明な時代」とよく言われます。これから子どもたちはそのような時代を生きていきます。そこで必要な力とはどのような力なのでしょうか。1つは，どのような変化にも対応できる柔軟性を持った力だと考えられます。その力を具体的に言うと，先述した「概念的知識」だと考えます。概念的知識とは，社会的事象の目には見えない関係性を説明するための知識であり，他の事例や事例地に応用したり転移したりすることができる汎用性の高い知識のことです。その場でしか通用しない知識であれば，何が起こるのかわからない時代には通用しません。学んだことを適用できる知識が必要です。心理学的に言えば，「転移する知識」と言えます。

　広岡亮蔵（1964）は，

　「転移は学力の塊」

と表現しています。さらに，

　「物ごとの本質構造を，実感をもって主体的に把握した知識であるときに，転移力をもつ」

　「知は力なり，といわれるほどの本物の知識ならば，態度に裏打ちされた知識，態度を含んだ知識でなければならない」

と述べています。

　「態度」とは，主体的に学びに向かう態度だと捉えることができます。つまり，ここで言う知識とは，技能や態度，心の姿勢などを含めた「豊かな知識」だと捉えることができます。そのような知識であればこそ転移できるものになると考えられます。

　転移可能な概念的知識をより豊かなものにし，その知識を生かして問題解決していく子どもの姿は，社会科における本質的な姿だと考えられます。

8 | 批判的思考力

　それと共に考えなければいけないのは「先行き不透明な時代」とは具体的にどういう時代なのかということです。

　苅谷剛彦（2020）は，日本の教育改革を批判的に指摘し，印象的で抽象的な不可知論から脱却して，具体的な事物をもとに帰納的に実証的に議論し，結論を導くことの大切さを一貫して強調しています。

　「私たちがこれまでに経験したことのない未知の問題に直面したときに，私たちに必要な能力の一端は，事態を冷静に認識し，自分たちの置かれた状況を相対的に俯瞰しつつ，そこでとりうる選択肢やその副作用について論理的に考え，実際にとりうる行動を互いに納得できるように説明・理解し合いながら，選び取っていくことである。このような場面で必要とされるのが，学問の場の多様性と批判的な思考力である」

　確かにその通りだと感じます。何でも「不透明な時代だから……」「不確実な時代だから……」と表現し，何がどのように不確実なのかも検証することなく言葉に踊らされ，思考停止していることを戒められます。「これから迎える不透明で不明確な時代には主体性が必要だ」と中途半端にわかったつもりにならずに，過去の経験から「できたこと」「できなかったこと」を検証していく必要性を感じます。

　苅谷は「不確実性の罠」と表現していますが，ふだんの生活の中でも不確実なことを曖昧に印象的に捉えていることが多いと感じます。まずは我々大人，ひいては教師が，「具体性」を重要視し，検証していく習慣を持ちたいものです。

　転移できる概念的知識を獲得すると共に，その知識をこれからの時代に正確に使えるようにするために，批判的思考力を身につける必要性を感じています。

〈参考資料〉

・宗實直樹（2021）『深い学びに導く社会科新発問パターン集』明治図書

・槇山栄次（1910）『教授法の新研究』目黒書店

・木下竹次（1923）『学習原論』目黒書店

・篠原助市（1933）「『問』の本質と教育的意義」『教育学研究』第2巻

・豊田久亀（1988）『明治期発問論の研究　授業成立の原点を探る』ミネルヴァ書房

・澤井陽介，加藤寿朗 編著（2017）『見方・考え方　社会科編』東洋館出版社

・青木幹勇，大槻一夫，林進治他（1966）『よい発問わるい発問』明治図書

・岩田一彦（1993）『小学校社会科の授業分析』東京書籍

・宗實直樹（2021）『宗實直樹の社会科授業デザイン』東洋館出版社

・広岡亮蔵（1964）『授業改造』明治図書

・苅谷剛彦（2020）『コロナ後の教育へ　オックスフォードからの提唱』中央公論新社

5 学習の複線化

1 | 複線型の学習とは

　北俊夫（1993）は，『社会科「関心・意欲・態度」の評価技法』の中で，次のように述べています。

> 　（子ども一人ひとりを生かす）ことを実現するためには，従来の授業に対する固定観念にとらわれず，子ども自らの考えや問題意識に基づいて，自らの考えや学習活動をつくり出していけるように，教材や学習活動を子どもが選択する場や機会を設けることが大切である。このことは，**複線型の学習**を展開することである。
>
> （太字，下線は筆者）

　「複線型の学習」とは，「複線」という意味が示す通り，子どもの学習における学習内容や活動が同時に２つ以上並行している学習のことです。学習問題や教材，学習方法などを画一的にせず，複数用意します。子どもの意欲，思いや願いに応え，多様な学び方に対応しようと考えた学習形態です。

　その後，北は『「生きる力」を育てる社会科授業』（1996），『個を生かす社会科「学習の複線化」事典』（1996），『社会科の責任』（2000）などで「学習の複線化」について述べています。北が序文を記した，馬野範雄・井上和夫著の『複線型社会科授業の構想』（1997）という書籍もあります。

　当時，なぜ「学習の複線化」が取り上げられていたのでしょうか。ふり返ってみると，1990年代までにも「一人ひとりの子どもを大切にする」とか「個に応じた指導」という名のもとに実践されていました。しかし，指導レベルでの具体的な工夫が必ずしも明確だったとは言えません。

　従来の授業は，授業を構成する要素（目標，内容，教材，活動，評価，学習環境など），すべてが画一的でした。教師主導の「単線型の学習活動」が

中心でした。教師の敷いたレールの上を，すべての子どもが一斉に走り出すというイメージです。

　それでは子どもたちの学習意欲や問題解決能力，社会的なものの見方や考え方が育まれないという指摘がありました。一人ひとりの子どもの学びに視点をあてるという教師の授業観や子ども観の転換が迫られたわけです。そこで「学習の複線化」と呼ばれるような実践が増えてきたのが1990年代でした。

2 | 「選択」を取り入れた学習

　北は，「学習の複線化」について，次のように定義しています。

　「『学習の複線化』とは，子ども一人一人の多様な思いや願いに柔軟に応えられるよう，学習を構成する学習問題や教材，学習方法，学習活動，学習環境などそれぞれにおいて，教師が複数のメニューを用意したり，子ども自身が自らの学習計画を立てる場をつくったりするなどして，子どもの多様な学び方に対応できるようにすることである」

　学習の複線化は，子どもたちの学習活動が複線化，多様化しているということです。一人ひとりの子どもは，多様な学習活動や学習方法などから自己選択し，自己決定しながら活動していきます。そういう意味で，「学習の複線化」とは，一人ひとりが問題解決に向けての目的意識を持ち，教材や活動などを選択しながら学習に取り組むことだと言えます。

> 「学習の複線化」＝「教師が子どもの多様な学び方に対応すること」
> 「子どもが教材や活動を選択しながら学習に取り組むこと」

　つまり，

> 「子どもによる『選択』を取り入れた学習」

と言い換えることができます。

　正に，「個別最適な学び」のあり方が，具体的な実践レベルで提案されていたということです。

3 | 「学習の複線化」を成功させるポイント

　以下は，「学習の複線化」を成功させるポイントです。『個を生かす社会科「学習の複線化」事典』より紹介します。

❶学習の「何を」複線化するのか ●━━━━━━━━━━━━━━━━━━━━●

①「学習のめあて」の複線化

　　・調べる対象を子どもが選択することによって，「学習のめあて」が複線化する。

②「学習方法」の複線化

　　・「調べ方」の複線化（「学習活動」の複線化）

　　・「まとめ方」の複線化

③「学習の資料」の複線化

　　・写真，説明文，ビデオ教材，模型，図解，話　など

④「学習の事例地」の複線化

　　・十日町市 or 長岡市？

　　・沖縄 or 北海道？

⑤「学習活動の場」の複線化

　　・教室，資料室，図書室，IT ルーム，図書館，博物館　など

❷学習過程の「どこを」複線化するのか ●━━━━━━━━━━━━━━━●

①「学習のめあてをもつ」場面の複線化

②「追究活動」場面の複線化

③「まとめる」場面の複線化

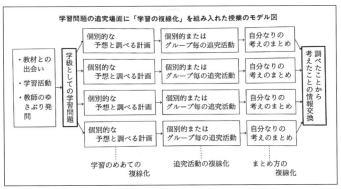

学習問題の追究場面に「学習の複線化」を組み入れた授業のモデル図

（北俊夫 編著『個を生かす社会科「学習の複線化」事典』1996年，p.13より引用）

❸子どもたちの技能

①教材や学習活動を選択する能力が身についているか

②資料を活用する能力が身についているか

③調べたことを情報交換し合い，考えを深めることができるか

　これらの技能が子どもたちにしっかり身についているかどうかを確認することが重要です。

　北がこれに類した実践をはじめて行ったのは，1978年ごろ，「子どもによる資料選択」の場面を取り入れた授業だったようです。いわゆる「資料活用の複線化」の実践でした。

　40年前，いえ，それ以上前から提案されていたことをもう一度考え直す必要がありそうです。

4 ｜ 教科書を活用した「学習の複線化」

　どの教科書にも，目次の中に「せんたく」という文字があります。これは，学習指導要領上，いずれかを選択して学習すればいいということです。

　例えば，ある教科書では以下のものが「せんたく」となっています。

①3年生…工場ではたらく人びとの仕事
　　　　　畑ではたらく人びとの仕事

②4年生…ごみのしょりと活用

　　　　　　下水のしょりと再利用

③4年生…くらしをささえる水

　　　　　　わたしたちのくらしと電気

　　　　　　わたしたちのくらしとガス

④4年生…水害による災害／地震による災害

　　　　　　津波による災害／火山による災害

　　　　　　雪による災害

⑤4年生…原野に水を引く

　　　　　　産業をゆたかにする

　　　　　　自然を守る運動

　　　　　　村の立て直しにつくす

　　　　　　医りょうにつくす

⑥4年生…土地の特色を生かした地域

　　　　　　伝統的な文化を守る

⑦5年生…あたたかい沖縄県に住む人々のくらし

　　　　　　寒い土地のくらし―北海道旭川市―

⑧5年生…低地に住む岐阜県海津市の人々のくらし

　　　　　　高い土地のくらし―群馬県嬬恋村―

⑨5年生…水産業のさかんな地域

　　　　　　畜産業のさかんな宮崎県

　　　　　　くだもの作りのさかんな和歌山県

　　　　　　野菜作りのさかんな高知県

⑩5年生…自動車工業のさかんな地域

　　　　　　わたしたちのくらしを支える食料品工業

　　　　　　わたしたちのくらしを支える製鉄業

　　　　　　わたしたちのくらしを支える石油工業

⑪5年生…情報をつくり，伝える／放送局のはたらき

⑫５年生…情報を生かして発展する販売業

　　　　　　情報を生かして発展する観光業

　　　　　　医療に生かされる情報ネットワーク

⑬５年生…環境とわたしたちのくらし／大和川とわたしたちのくらし

⑭６年生…わたしたちの願いと政治のはたらき

　　　　　　自然災害からの復旧や復興の取り組み

　　　　　　経験をむだにしないまちづくり

　事例はそれぞれ違いますが，最終的に獲得する中核概念（単元のねらい）は変わりません。

　例えば，②であれば，「廃棄物の処理と再利用」という学習内容の事例として「ごみ」か「下水」を扱うということです。

　③であれば，「安定した供給」という学習内容の事例として「水」「電気」「ガス」のいずれかを扱うということです。

　これらの「せんたく」の事例を子どもたちに選ばせてそれぞれがそれぞれの学習を進めるという方法です。教科書を活用した「学習の事例地」の複線化です。

　ただ，④や⑤等は，子どもたちの居住地域にふさわしい事例を選択し，地域教材として学習することが望ましいです。

　子どもの多様な学びに対応し，子どもによる「選択」を取り入れた学習ができるよう，「学習の複線化」を意識しておきたいものです。

〈参考資料〉

・北俊夫 編著（1993）『社会科「関心・意欲・態度」の評価技法』明治図書

・『社会科教育 №407』1995年７月号，明治図書

・北俊夫（1996）『「生きる力」を育てる社会科授業』明治図書

・北俊夫 編著（1996）『個を生かす社会科「学習の複線化」事典』明治図書

・馬野範雄，井上和夫（1997）『子どもの個性を生かす複線型社会科授業の構想』明治図書

・北俊夫（2000）『社会科の責任』東洋館出版社

6

学習形態の工夫

1 | 一斉授業を見直す

　個別最適な学びを実現させるために，一斉授業を見直す必要があります。ただ，一斉授業批判を起点にしているわけではありません。一斉授業のよさを捉えつつ，その上で一人ひとりの学習を成り立たせることを目指します。

　『GIGA スクール構想で変える！１人１台端末時代の授業づくり２』の中で，次のようなことを指摘しました。

　「子どもたちはインターネットや教科書で調べたことを書き，画像を取り込み，様々な情報を一つのノートに整理してまとめています。授業の中で，書く，画像を検索する，画像を取り込む，構成する，という活動が行われています。そういう授業になるとどうなるのか。子どもたちは人の話を聴かなくなります。あまりにも多くの学習活動が同時に行われ，端末の操作に精一杯になっているからです。結果，検索や処理能力等の速い子のみが発言するようになり，子どもたちの関わり合いが減ってしまいます」

　もちろん授業内容や方法にもよりますが，子どもが端末使用に集中しすぎると，あまりにも学習活動が多くなりすぎて話を聞かなくなるという指摘です。しかし，それは一斉授業という枠組みの中での指摘でした。

　その一斉授業の枠を取り外し，子どもが自分のしたい活動やしたい内容，学び合いたい相手を選べるようになれば，その問題は一気に解決します。

　次頁の図のように，一斉授業では，同一課題，同一教材，同一時間，同一結論と，すべてにおいて「同一性」が全面に出てきます。

一斉授業の持つ「画一性」「同一性」のあり方を考えることが重要です。

子ども一人ひとりを生かした「個別最適な学び」を保障するために，子どもたちの間に存在する個人差に

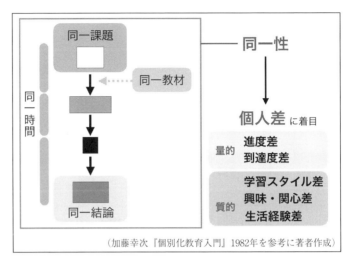

（加藤幸次『個別化教育入門』1982年を参考に著者作成）

注目し，処遇し，この「同一性」を個人差で置き換えていく必要があります。

2 | 個人差に応じた学習

　第1章 pp.16〜17でも述べたように，個人差には，「進度差」「到達度差」などの量的な個人差と，「学習スタイル差」「興味・関心差」「生活経験差」などの質的な個人差があります。その個人差に応じた学習を進めていくことが重要です。

　例えば，一つの単元について子どもの興味関心に応じて「学ぶ順序」や「学ぶ課題」などを選択し，学習を進めるようにします。その中で，子どもたちは個別で学習するのか，協働的に学習するのかということも選択します。子どもが選んだり決定したりできる環境を設定し，子どもの裁量権を多くしていくということです。そうすることで，教師は子どもの様々な学びのあり方を見取りやすくなります。もちろん，単元の中で一斉授業で行うべき場面は一斉授業で行います。つまり，pp.62〜のように，単元の中に一斉授業や個別学習の時間が組み合わされるようなイメージです。

　「指導の個別化」は，学習目標をすべての子どもに達成させ，基礎的学力を定着させることを目的としています。ここで考えられる個人差は，進度差

や到達度差などの量的な個人差となっています。学習モデルとしては，自由進度学習や習熟度別学習，完全習得学習などが考えられます。

「学習の個性化」は，子どもの興味・関心に基づき，特性や個性を育成することを目的としています。個人差は，学習スタイル差や興味・関心差，生活経験差などの質的な個人差となっています。学習モデルとしては，順序選択学習や課題選択学習，課題設定学習などが考えられます。

	指導の個別化 方法概念	学習の個性化 目標概念
目的	学習目標をすべての子どもに達成させ、基礎的学力を定着させること	子どもの興味・関心に基づき、特性や個性を育成すること
個人差	**量的**な個人差 ・進度差 ・到達度差 **個人差を踏まえた指導**	**質的**な個人差 ・学習スタイル差 ・興味・関心差 ・生活経験差 **個人差を生かす指導**
学習モデル	自由進度学習 習熟度別学習 完全習得学習	順序選択学習 課題選択学習 課題設定学習

（安彦忠彦（1980）『授業の個別指導入門』，水越敏行（1988）『個別化教育への新しい提案』を参考に著者作成）

大きく分けて個人差を踏まえた指導の学習モデルと，個人差を生かす指導の学習モデルがあります。今までどちらのモデルで多く学習されてきたかというと，個人差を踏まえた指導の学習モデルではないでしょうか。個人差を生かす指導の学習モデルのイメージの方が思い浮かびにくいと感じています。

加藤幸次（1982）は，「指導の個別化」を４つのモデルと８つのサブモデルに分け，「学習の個性化」を３つのモデルと６つのサブモデルに分けました。

「学習の個性化」を詳しく３段階に分けると次のようになります。

「学習の個性化」に向けた3段階

モデル	サブモデル	内容
順序選択学習	①コース選択 ②ランダム選択	①単元を構成する学習課題から構成される複数のコースから選択して学習する。 ②単元を構成する学習課題を自分の好きな順で学習する。
課題選択学習	①全体選択 ②部分選択	①教師が用意した複数の学習課題の中から選択して学習する。 ②複数の学習課題の中から一部の学習課題のみ選択して学習する。
課題設定学習	①単元内の課題 ②単元外・教科外の課題	①自分の興味・関心に応じて単元内で課題を決めて学習する。 ②自分の興味・関心に応じて単元外、もしくは教科外で課題を決めて学習する。

（加藤幸次『個別化教育入門』1982年，p.93，図Ⅱ-1「個別化・個性化のためのモデル」を参考に著者作成）

　「学習の個性化」への第一歩は，学習者に学習活動の順序を選択できるようにすることです。自分の興味・関心に応じてどこから開始してもよい学習です。最終的にはすべての学習課題を完了することとなります。

　次に，学習課題を選択できるようにすることです。学習者は複数の学習課題の中から１つを選び，学習します。選ばなかった課題は学習しません。選んだ課題を学習することで，その単元でのねらいが達成できるように教師がそれぞれの課題を設定するようにします。

　最後は，学習課題そのものを学習者が設定できるようにすることです。学習者が学びたいと思うことを学びたいやり方で学べるようにします。ある単元の中で，自分の興味あるテーマを決めて学習する方法や総合的な学習の時間等と関連づけて行う方法が現実的でしょう。

また，それぞれの子どもの学びを共有する手立てを考える必要もあります。

以上の学習モデルに照らし合わせながら，私が今まで実践してきたモデルを紹介していきます。

3 ┃ 様々な学習モデルの実践

❶はじめて端末を活用して進めた学習

本校では，2020年9月18日に1人1台端末（iPad）環境が実現しました。5年生「米作りのさかんな地域」の単元の学習を，下図のような進め方で行いました。

同一課題，同一結論ですが，時間や扱う教材は子どもたちの裁量に任せるという学習です。学習の進め方の自由度を高めた学習でした。

学習の進め方

1	情報収集	「見えるもの」を集める
2	整理・分析	「見えないもの」を見出す
3	まとめる	自分の主張（価値）をつくる
4	発信する	他者に伝える
5	ふり返る	単元全体をふり返る

（『単元縦断×教科横断　主体的な学びを引き出す9つのステップ』木村明憲，2020年を参考に著者作成）

■端末を有効に使用して自由進度的に学習を進める

■教科書に準拠

学習のふり返り（学習内容）

	ふり返りの視点	ふり返る時に意識する点（例）
1	「単元の問い」を追究できたか	「単元の問い」は解決できたか。「目に見えるもの」と「目に見えないもの」を整理し，理解できているか。
2	「自分の問い」を追究できたか	自分の「問い」を持ち，解決することができたか。
3	内容の「深さ」をつくれたか	主体的に調べ，より深く理解できた内容はあるか。

学習のふり返り（学習方法）

	ふり返りの視点	ふり返る時に意識する視（例）
1	問いのつくり方はどうだったか	「単元の問い」を意識できたか。自分の「問い」を持つことができたか。
2	情報収集の仕方はどうだったか	「見えるもの」をどこからどのように集めることができたか。それは必要な情報だったか。
3	情報の整理・分析の仕方はどうだったか	「見えないもの」を見出すことはできたか。「なぜ」の問いを自分でつくれたか。
4	情報のまとめ方はどうだったか	人に伝えることを意識して必要な情報をまとめることができたか。自分の主張（価値）や視点をつくることができたか。
5	発信の仕方，聴き方はどうだったか	他者に伝わりやすい話し方やスライドの出し方は工夫できたか。人から有効な追究の視点を学び取れたか。
6	どのような方法で探究学習できたか	効果的に学習できたか。次に探究学習するときはどのような点に気をつければいいのか。

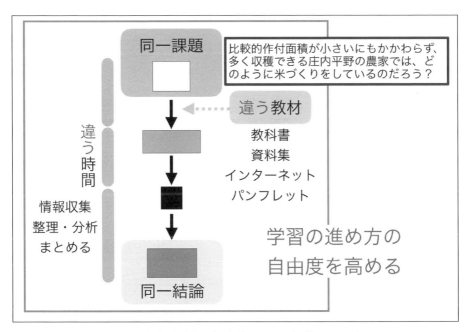

その際，以下の4点を教師側の留意点として意識しました。

○単元について「自分たちで追究的に学習を進めながら概念的知識を獲得する」ことを目的とする。
○端末操作に慣れさせ，プレゼン等の端末活用技術の獲得も目的の一つとする。
○問題解決的な学習方法の獲得を意識する。
○端末のインターネット検索のみでは得られる情報が拡散することを踏まえて，教科書に準拠する。

　子どもたちは，端末を活用しながら喜んで学習に取り組んでいました。次頁の図は，学習内容と学習方法にわけた子どものふり返りです。

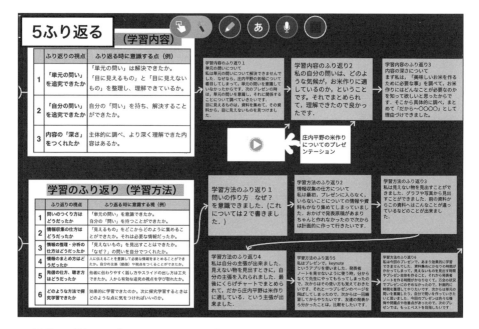

授業の詳細は『GIGAスクール構想で変える！1人1台端末時代の授業づくり2』に掲載しています。よろしければご参照ください。

実践を終えての成果と課題は以下の通りです。

○成果
  ・情報の集め方→整理の仕方→まとめ方……という，汎用的に使える学習方法の獲得ができたこと。
  ・端末の操作，プレゼン能力の向上が向上したこと。これらは朝の会や総合，他教科でも適用できるスキルとなったこと。

△課題
  ・多くの時間を必要とすること。
  ・社会科の本質としての概念的知識の獲得や，そのための「問い」の質が十分ではなかったこと。

方法論的な側面では十分な成果がありましたが，内容論的な側面では多く

の課題が見つかりました。特に，子どもたちが獲得する知識の質です。

　反省を踏まえて，問題解決的な授業の見直しをしました。概念的知識を自ら自己調整しながら獲得していくプロセスを踏まえるという点についてです。

　子どもの「問い」を意識した授業を再確認しました。p.77に示したように，「問い」には質があり，「問

い」によって獲得できる知識は違います。つまり，「問い」によってどのような知識を導き出せるのかを子どもたちに明示的に示すことが重要だと感じました。教師自身が単元全体としてどのような「問い」の流れでどのような知識を獲得できるのかを捉える必要性を感じました。

　それらを踏まえ，

①「問い」を意識すること
②知識の質を明示的に示すこと
③単元全体を俯瞰すること

が重要だと再確認しました。

　これらの①②については pp.76〜の「『問い』の吟味」で，③については pp.62〜の「単元の授業デザイン」で詳しく述べています。

❷単元内自由進度学習

5年生「未来とつながる情報」の単元では，1970年代に愛知県東浦町立緒川小学校が開発した「単元内自由進度学習」に則って学習を進めました。

端末を活用しながら社会科として大切にするべきことを確認してきたので，再度子どもたちに大きく委ねることにしました。

自由進度学習の流れは，基本的に「①ガイダンス→②計画→③追究→④まとめ」の4段階となっています。その基本的な考えを踏まえながら，それぞれ以下のように設定しました。

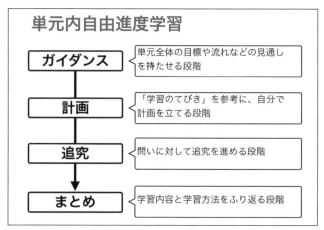

この学習で重要なのは，「ガイダンス」の段階です。ここで子どもたちは，「この単元で何を学ぶのか」「追究するべき問いは何か」「単元のゴールではどんな姿になるべきか」「どのようなプロセスで学ぶべきなのか」などを把握します。

本実践で重要だと考えたのは，

- ・学習計画の立案
- ・メタ認知
- ・自己調整

です。

つまり，自分で立てた計画に沿って自分で必要だと思うものを選び出し，メタ認知しながら学習を進めたり，自己調整しながら学びを進めたりしていくということです。そのために，「単元表」を効果的に活用していこうと考えました。

　「①ガイダンス，②計画」では，

　・過去と現在の情報入手方法の変化

　・デマなどの情報によって人々が影響されること

　・無人レジなど，情報の活用によって人々の生活が変化していること

などの事例を提示し，子どもの興味関心を高め，「実際，自分たちの身の周りではどうなのだろう？」という問いを引き出しました。

　そこから「学習問題（単元の問い）」を設定しました。

・情報は，私たちの生活にどのような影響を与えているのか？

・情報は，私たちの生活とどのように関わっているのか？

　人々と情報の関わりや情報がどのように生活を変化させているのかを捉える学習問題となりました。

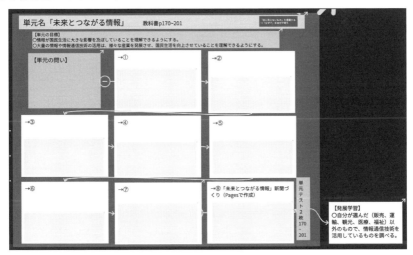

前ページの図のような「単元目標」「まとめの方法」「発展学習」が明記されている「単元表」を子どもたちに手渡し，「学習のてびき」を参考に枠ごとに問いを入れていきます。この時に意識させることは，どのような問いを立てると，単元の問いが解決しそうなのかを考えさせることです。

　この単元では，自由に教室内を動き，自分が選択した場所で学びを進めるようにしました。友達に訊くのもよし，教師に相談するのもよし，様々な形で学べるようにしました。端末を見せ合いながら学習を進めたり，友達からほしい資料をデータでもらったりと，協働的に学びを進める姿が見られました。

　また，経過途中でもロイロノートの提出箱に単元表を提出させ，共有するようにしました。それをじっくりと見ながらヒントを得る子もいました。

　実践しての成果と課題は以下の通りです。

○成果
　・子どもは進んで学習を進めていた。
　・教師が子どもの学びをじっくりと見取ることができた。
　・前回の反省を生かして，「目には見えないもの」を見出すところを意識していた。

> ・1つの単元を自分で進めていく喜びを感じられた。
> △課題
> ・自分で学習を進めることが難しい子もいた。
> ・まだまだ掘り下げて調べることができない。
> ・課題に対する関わり合いが十分でない。

　ロイロノートのアンケートで取った子どもたちの感想には，以下のようなものがありました。

> ・自由に進度を決めながら学習するのでやりやすい。
> ・友だちと相談しながらできるのではかどる。
> ・自分で「問い」をつくりながら学習を進めることが楽しい。
> ・自分で調べていくのが苦手なので難しい。
> ・みんなで1つの「問い」について考えた方が色んな意見がきけて楽しい。

　自分で「問い」をつくるという楽しさがあるから自分で調べて学習する方法が好きだという子もいます。1つの「問い」に対してみんなの様々な意見が出る楽しさがあるから一斉授業でやる方が好きだという子もいました。

　このように，子どもがのれる学習の文脈や，子どもが感じるやりがいや楽しさはそれぞれの子どもによって違います。だからこそ，教師は様々な学習方法を提供し，毎回の学習後に「今回の学習はどうだった？」「次はどんな感じでやってみたい？」と子どもたちに訊いたり，相談したりします。目の前の子どもに合った学習方法をその都度教師が模索し，子ども自身も自分に適した学習方法を見つけていくべきだと感じています。

❸個性化を意識した学習 ●━━━━━━━━━━━━━━━━━━━━●

　「産業を支える運輸」の単元目標は，「ニトリの輸送方法の特色について調べる活動を通して，運輸が工業生産を支える重要な役割を果たしていることについて理解できるようにする」でした。本実践の詳細も『GIGAスクール

構想で変える！１人１台端末時代の授業づくり２』に掲載しています。よろしければご参照ください。

　ニトリを事例とした教材研究の概要は以下の通りです。

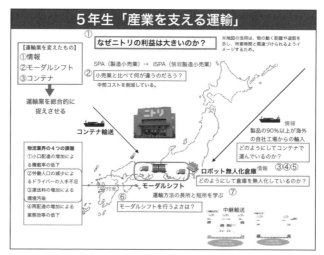

　本単元では，全員で追究する問いが解決した後に，子どもたちの興味・関心に基づく問いについて調べる時間を多く充てました。

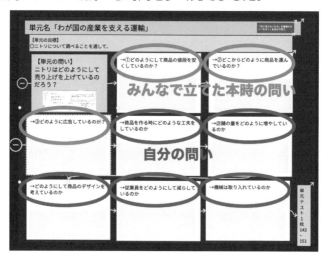

　前ページ図のように①②③は「単元の問い」に基づいて全員でたてた「本

時の問い」です。④⑤⑥⑦⑧は自分の興味関心に基づく問いです。つまり，①②③は一斉授業を中心に学習しました。④〜⑧は個別学習として自分のペースで「自分の問い」を追究していきました。追究に充てる５時間という時間は予め設定し，後は自由進度的に学習時間や学習方法を自分で選んで学習を進めました。

【単元のふり返り】
　　やっぱり社会は将来の人生を支えてくれるな〜
　　　　　　　　　　　　　　僕はニトリのこのような工夫に関して、前の単元でも述べた通り**【社会は工夫でできている】**と思います。人はデメリットをメリットに変えるために工夫しています。例えば今回の学習では、モーダルシフトなど**トラック一台**で運ぶのではなく、**コンテナ船**や**貨物列車**など速くそしてCOの削減で**人のために行っていて**すごく僕はモーダルシフトに感動しました。（人のためとは簡潔に言うと世界のため）コンテナ輸送やモーダルシフトをすること⤴コスト削減していました。運輸はニトリのことだけでなく、日本の工業生産も支えていることがわかりました。

　　しかしながら僕はニトリの倉庫の**AI化**に反対します。「えーーーー！？作業効率5倍アップ⤴で人も苦しまなくて済むのに！！」と思うかもしれませんが、最近は**AI化**で人間の働く居場所が無くなってきています。僕は「大企業なら人権費使って！」と思いますが、やっぱりAI化の方が利益あがります！これはこれからの世界の**問題**と捉えた方が僕はいいと思いました。

　　今回は自分の問いも同時に調べていくことができて達成感もありました。授業で全員で考えたり友達に聞いたりネットで調べられたから単元表が作りやすかったです。単元表で自分が学んできたことがよくわかったので**グッド**です。

　上記は子どもの「単元のふり返り」です。その中に，「自分の問いも同時に調べていくことができて達成感もありました」とあります。この点は，その子の興味・関心に応じて調べ，解決ができたという達成感を読み取ることができます。

　また，「全員で考えたり友達に聞いたりネットで調べられたから単元表が作りやすかったです」とあります。これは，自分の学びやすい学習方法について考えられた点と言えます。

　最終的に最適な学びであったかどうかは，子ども自身で決められることが

望ましいです。学習方法や学習してきたプロセスをふり返り，それをくり返すことで自分にとっての最適な学びを見つけてほしいと感じました。そのためには，できるだけ子どもが選択したり決めたりできる場面を増やしていくことが重要だと考えます。

　しかし，いきなりすべてを子どもたちが選択し，決めることは難しいです。

　今回の単元では，単元全体の中で一斉授業と個別学習の時間を組み合わせながら単元としてデザインする方法でした。「単元の問い」については全員で解決し，「自分の問い」は内容も時間も自由に自分で追究していく感じです。子どもに委ねる時間を少しずつ増やし，ゆるやかに個別最適化していくイメージです。

　ここでの５年生の実践が，pp.63〜の６年生「新型コロナウイルスからわたしたちを守る政治」の実践につながっています。

❹自己決定的学習　●━━━━━━━━━━━━━━━━━━━━━━━━━━●

　子どもがより多く決定する機会がある自己決定的学習の「課題選択学習」「課題設定学習」などについては，別冊の〈実践編〉で具体的に紹介しています。

4 ｜ 教材と個別最適な学びを意識する（教材の力）

　社会科は，ケーススタディ（事例研究）です。pp.103〜の「産業を支える運輸」の単元では，ニトリという事例を通して学習を進めました。

　pp.96〜に紹介した教科書準拠の「米づくりのさかんな地域」の単元と比べ，個別学習の時間にどちらがよく追究したかというと，「産業を支える運輸」の単元の方でした。これは，教材の力が大きかったと感じています。子どもたちはニトリを事例とした教材に大きく興味関心を示していました。私自身，ニトリという１つの事例の流通や情報等，運輸業に関わる内容を，時間をかけて追究しました。それを教材化していく過程で多くの価値やおもしろさを感じました。

　端末が導入されて，方法論が先に立つ感じがしますが，やはり社会科にお

ける教材の力をぬきにしては考えられません。

　社会科の教材を考える際，人とのつながりを考えることが重要です。人と会うことをしにくいこのような時（コロナ禍）だからこそ，ICT をフル活用して人とのつながりを大切にした実践が求められます。

　次の写真は，嬬恋村の久保宗之さんとの Zoom の様子です。2019年６月30日，実際に嬬恋キャベツマラソンに参加してきました。その時マラソンコースを走っていると，同じ嬬恋村でも場所によってキャベツの生長度合いが全く違うことに気づきました。その理由やその他のやりとりをするためにZoom でつないで授業をしている様子です。

　その人から，生の声を聴くことの価値は大きいです。

（社会科の教材については，『社会科教材の追究』2022年をぜひご参照ください）

5 ｜ 小手先の対応で終わらないために

　「個別化教育」ブームのようになっていた1970～80年代。加藤幸次（1984）は「小手先の対応に終ることを恐れる」と題し，「いともたやすく，個別化教育に乗り換えること」に対する危惧の念を記していました。

　いきなり「個」や「一人ひとり」に関心を示す人が増え，それに関する論

文が増えてきたことに対する疑問も感じていたようです。

　また，

　「日頃，行っている一斉画一授業への鋭い反省なしに，個別指導を唱えることは危険ではないか」と指摘し，「『どんなやり方があるのか』という方法の問題の背後にあるより本質的な原理に注目してほしい」
と述べています。

　これは，今にもあてはまる指摘だと感じています。

　「アクティブ・ラーニング」や「個別最適な学び」等，言葉に踊らされないようにしたいと感じます。なぜ今そのような概念があらわれてきたのか，どこが大切なのか，しっかり吟味しないと，それこそ「小手先の対応」だけで終わってしまいそうです。

　背後にあるものは何なのか，その何が大切なのか，方法論だけでなく，本質論で語る必要性を感じています。

　学習形態は様々ありますが，常に自分の中で何が本質なのかを問い続けながら実践を進めていきたいと考えています。

6 ｜ 教科としての「学び方」

　安彦忠彦（1987）は，次のように述べています。

　「私は，『学び方』というものは，単なる情報収集，情報処理の方法のみではなく，また何らかの態度的なものでもなく，個々の学習内容に即して身につけるべきものであると思う。つまり，『学び方』のみを，内容の学習と切り離して形式的に一般化し，こうすればよいのだ，という方法面のみに傾きすぎていたものであったことに，問題があったと思う」

　方法論のみが前面に出ていたことに対する指摘です。社会科という教科，その学習内容において，どのような「学び方」が適しているのかを考えなければいけません。社会科特有の「学び方」があるはずです。様々な学び方が考えられますが，少なくとも学習の内容に即していることが重要です。

　教科としての特徴や，その教科の特性に合わせた「学び方」をするべきだ

と考えさせられます。

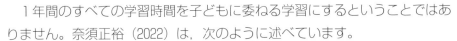

7 │ 割合を考える

　1年間のすべての学習時間を子どもに委ねる学習にするということではありません。奈須正裕（2022）は，次のように述べています。

　「まずは思い切って総授業時数の1割から2割程度を質の高い，しっかりとした個別最適な学びにしてはどうかと思う。2割というと少なく聞こえるかもしれないけれど，平均すると毎日1時間は子どもたちが自力で学びを展開することになる。それが学校生活に劇的な変化をもたらすのは，ほぼ間違いない。子どもたちの姿が一変するのはもちろん，先生たちの子ども観や授業観も揺さぶられるだろう」

　どの教科，どの単元，どの時間でするのが適しているのかを見極めるところに教師の腕がかかっていると感じています。

　社会科でも，委ねることが適している単元とそうでない単元があります。

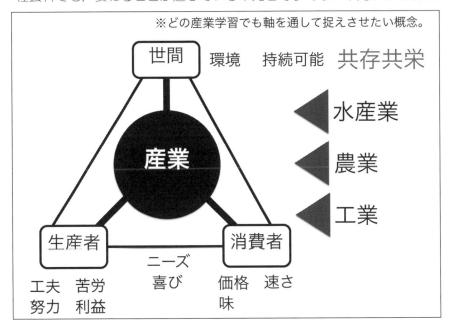

例えば，5年生の産業学習は比較的子どもに委ねやすいと感じています。農業単元で自然条件や経済面，環境面などの視点で産業を見ていくことや，生産者の工夫や悩み，農業の問題点等を把握します。これらの視点は，他の産業でも共通していることが多いです。また，持続可能な生産を意識した共存共栄の考え方は，どの産業にも共通している考え方です。

　このように，農業単元で学んだ視点や考え方を持ちながら，水産業や工業，林業などを追究するようにします。事例は変わっても，同じように学び進めることができます。

　1年間のうちのはじめの方は，見方・考え方の働かせ方や概念的知識の獲得等，社会科として大切にしたいことを一斉授業で明示的に示していくことが多くなります。そう考えると，1学期よりも3学期の方が，子どもに委ねる学習が多くなるのかもしれません。

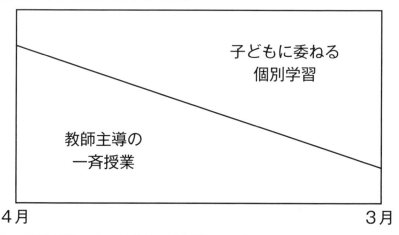

　また，45分授業の中の30分は一斉授業で，残りの15分は個別学習，最初と最後を合わせた20分を一斉授業，残りを個別学習で行うなど，1時間レベルの授業の割合を考えることも重要です。

一斉授業 30分	個別学習 15分

一斉授業 10分	個別学習 25分	一斉授業 10分

　ほんの少しずつでも，時間や場所，内容等，子どもに委ねることを増やしていく発想を持ちたいものです。

〈参考資料〉
・樋口万太郎，宗實直樹，吉金佳能（2021）『GIGA スクール構想で変える！1人1台端末時代の授業づくり2』明治図書
・加藤幸次（1982）『個別化教育入門』教育開発研究所
・安彦忠彦（1980）『授業の個別指導入門』明治図書
・水越俊行（1988）『個別化教育への新しい提案』明治図書
・佐藤正寿 監修／宗實直樹 編著／石元周作，中村祐哉，近江祐一 著（2022）『社会科教材の追究』東洋館出版社
・加藤幸次「小手先の対応に終ることを恐れる」（1984）『社会科教育別冊　No.2』「若い教師のための個性・特性を生かす社会科個別指導のアイデア」明治図書
・奈須正裕（2021）『個別最適な学びと協働的な学び』東洋館出版社
・安彦忠彦（1987）『自己評価「自己教育論」を超えて』図書文化社
・奈須正裕（2022）『個別最適な学びの足場を組む。』教育開発研究所

7

学びのユニバーサルデザイン（UDL）

　「個別最適な学び」と「学びのユニバーサルデザイン（以下，UDL）」は，非常に親和性が高いものだと考えています。ここでは，UDL について説明します。

1 | UDL とは

　UDL は，障害の有無にかかわらず，すべての学習者の学びを助けるための概念的フレームワークのことです。Universal Design for Learning の頭文字を取って「UDL」と省略し，「学びのユニバーサルデザイン」と一般的に和訳されます。

　アメリカで1970年代頃から体系化され，現在は CAST（the Center of Applied Special Technology）が提唱している UDL ガイドラインに沿って取り組まれています。

　CAST の HP には次のように記されています。

　「Universal Design for Learning（UDL）は，人間がどのように学習するかについての科学的洞察に基づいて，すべての人々の教育と学習を改善および最適化するためのフレームワークです。（https://www.cast.org/）」

　バーンズ亀山静子（2020）は次のように述べています。

　「UDL は，指導法やメソッドではない。すべての子どもが学べるための授業デザインの概念的フレームワークである。UDL では，障害の有無にかかわらず，すべての子どもの学習の伸びを助け，子どもたち自身が学びのエキスパートになれるように支援することを目的としている」

　あくまでも学習の主体は子どもであり，教師は子どもの学びを助ける環境づくりを考え，子どもと共に学び進める存在として考えます。

　また，学習者にバリア（障害）があるのではなく，カリキュラムにバリア

（障害）があるという考えを前提にしています。「カリキュラム」と言うと，一般的には「教育課程」と訳されますが，UDLでは次の4つのことを指します。

①**ゴール**：学習指導要領に示されている基準をどう達成するかについて児童生徒が自分にとって意味のあるゴールを設定する。

②**方法・手段**：全員が皆同じステップや方略で学習したり課題をしたりする必要はない。

③**教材**：同じ目標にたどり着くのに全員が皆同じ教材や足場的支援が必要なわけではない。

④**評価**：真実味のある評価は児童生徒それぞれに合わせて行われる。

2 ｜ UDL 三原則

UDLでは，脳科学，学習科学，発達心理学，神経心理学等の科学的なエビデンスに基づいたガイドラインが作成されています。

学習中に脳がどのように働いているかを「感情」「認知」「方略」の3つに分類し，それぞれを実践の枠組みとして，「取り組み」「提示（理解）」「行動と表出」を示しています。

「UDL 三原則」とは，

> ①取り組みのための多様な方法を提供する
> ②提示（理解）のための多様な方法を提供する
> ③行動と表出のための方法を提供する

となります。

さらに，「UDL 三原則」は，学習者の成熟に沿って「アクセスする」「積み上げる」「自分のものにする」の3段階があり，合計9つのガイドラインに整理されています。

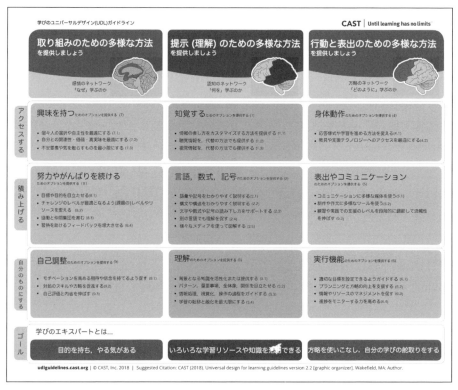

① 「取り組みのための多様な方法を提供する」という原則は，「なぜ学ぶのか」，学習者がどう興味を持ち，学び続けることができるかという学習へのモチベーションに関わる原則です。

② 「提示（理解）のための多様な方法を提供する」という原則は，「何を学ぶか」，またその情報の認知・吸収の仕方についての原則です。

③ 「行動と表出のための多様な方法を提供する」という原則は，「どのように学ぶのか」，自分の知識や考えの伝え方に関する原則です。

　自分の得意な学習方法で，自分自身で選択しながら，学び続ける学習者になるようなフレームワーク（考え方）になります。

114

学習の主体は学習者であり，「学習者は多様である」という前提のもと，UDLは学習者が学びのエキスパートになることを目指します。

　学びのエキスパートとは，ガイドラインの下部に示されている，

○目的を持ち，やる気がある学習者
○いろいろな学習リソースや知識を活用できる学習者
○方略を使いこなし，自分の学びの舵取りをする学習者

のことです。

　目的意識を持ち，自分に合った学び方で学習を自己調整し，そこから得た知識を活用しながら問題解決を続けていく子どもの姿と言えるでしょう。

3 │ UDL の理解

　UDLの理解を助けるポイントとして，以下の3つが挙げられます。

・障害（バリア）があるのはカリキュラム
・事前にバリアを見つけオプションを用意する
・教えるゴールを明確にする

　上記を踏まえた授業改善を行おうと思うと，まずは目の前の子どもをよく見ることからはじまります。その子にとって何が授業のバリア（障害）になっているのかをさぐります。例えば，板書の字を書き写すのが難しかったり，視覚情報が少なく聴覚情報のみでは理解が難しかったりすることなどです。子どもにとって感じるバリアは人それぞれであり，多様な子どもがいるということが当たり前だという前提に立つことが大切です。つまり，オプションありきで考えるのではなく，子どもの実態を捉えた上でオプションを用意するということが大切です。オプションを活用しながらゴールに向かって問題解決しようとする子どもの姿は様々です。目標を達成するための色々な学習方法があってよいはずです。ゴールを明確にすることで，子どもたちからの様々な要求に柔軟に対応できるようになります。

足場的支援とは，問題解決の際に有能な他者の支援を得ることで，支援がない時よりも難易度が高く複雑な問題にも取り組むことができるようになることを意味する概念です。背景には，ヴィゴツキーの発達の最近接領域（ZPD）があります。

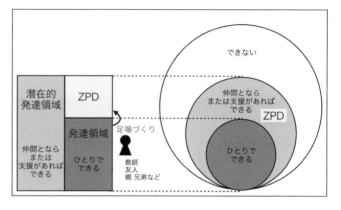

　足場的支援は，問題解決のための手立てだけでなく，右の図が示すように，発達領域を引き上げる取り組みとも言えます。通常の授業と，足場的支援によるUDLの授業を比較すると，次のようなイメージになります。

通常授業とUDL授業のイメージ（比較）

問い「現在の自動車にこめられた工夫や願いはどのようなものがあるだろう？」

【通常のイメージ】	【足場的支援によるUDLのイメージ】
S「先生、わかりません」 T「今、自動車が多くなっている社会でどんな問題がある？」 S「よくわかりません」 T「ちょっと教科書を開いて見てみて」 S「どこですか？」 T「ここ。そう…そこ。その部分をもう一度ノートに書いてみて」 T「そう、他に資料集を見てもいいから、自分で調べられるようになってね」	S「先生、わかりません」 T「色々な方法で調べてみてごらん」 S「〇〇さんにききに行ってもいいですか？」 T「もちろん、どうぞ」 S「資料集も使って、〇〇さんと〇〇さんたちといっしょに考えてみます」 T「それもいいですね！」 S「インターネットを使って調べたいです」 T「もちろんどうぞ。他の子の考えからまなんだり、自分で方法を選べてとてもよいですね」
▲子どもが何度もつまずく ▲教師が選択した支援を提供している ▲子どもが受け身になる	〇子どもが自分で選択する 〇教師がフィードバックを行っている 〇子どもが学びを調整したり判断したりするようになる

（川俣智路「学習支援から学習者の発達支援へ　UDL を支える足場的支援（Scaffolding）」『指導と評価　第66巻2月号』2020年，日本図書文化協会を参考に筆者作成）

足場的支援による UDL の授業では，子どもが自分で方法を選択しながら問題解決をしようとし，それに対して教師はフィードバックを行っています。そうすることで，子どもは問題解決の場面に出合う度に，自分で必要な方法を判断し，学びを自己調整できるようになると考えます。

5 ｜ フィードバック

　フィードバックとは，「形成的評価による学習の改善に役立つ評価」と捉えることができます。Hattie & Timperley（2007）によって，フィードバックが適切に機能する４つのレベルが明らかにされています。

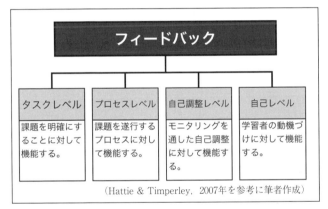

（Hattie & Timperley，2007年を参考に筆者作成）

　課題を明確にすることに対して機能するタスクレベル，課題を遂行するプロセスに対して機能するプロセスレベル，自己調整に対して機能する自己調整レベル，動機づけとして機能する自己レベルです。

　例えば，社会科は，形成的評価に基づくフィードバックを行い，動機づけに働きかけながら，概念的知識の獲得を目指すことになります。

　形成的評価を通して，教師は目の前の子どもの実態や状態を把握します。そこから現状の課題を明らかにし，必要に応じて課題の遂行や自己調整を支援しながら問題解決を促し，概念的知識の獲得を目指します。それと同時に，自己レベルとして子どもの学習に対する動機づけに働きかけながら，子どもの主体的な学びと協働的な学びを促すようにします。

6 | 教師の役割

UDL 授業での教師の役割は，以下の4つが考えられます。

①カリキュラムをデザインすること
②複数の選択肢（オプション）を用意すること
③判断や選択の方法を教えること
④フィードバックを行うこと

　教師は，UDL の三原則に基づき，柔軟性を持ってカリキュラム（ゴール，方法・手段，教材，評価）をデザインし，支援を続けます。事前にバリアを見つけ，学び方や教材などのオプションを用意していくことも重要です。また，子どもたちに判断や選択の方法を教え，学習者の提案にも柔軟に対応できるように心がけます。

　子どもたちへの適切なフィードバックを行い，子どもたちが自分に合うものを自分自身で選べるようにしていきます。もし自分に合うものがなければ，それを提案できる学習者に育てていくことも重要です。

7 | 授業 UD と UDL

　学びのユニバーサルデザイン（UDL）と言葉が似ている授業 UD があります。授業 UD とは，

　特別な支援が必要な子を含めて，通常学級の全員の子が，楽しく学び合い「わかる・できる」ことを目指す授業デザイン　（授業 UD 学会 HP より）

のことです。

　特別な支援を必要とする子どもの授業参加や理解を促す手立てを一斉授業の中に取り入れることで，すべての子どもたちが「わかる・できる」授業づくりを目指します。私自身，授業 UD の理念から多くのことを学び，実践を続けてきました。

「授業 UD」と「学びの UD」，すべての子どもの学びやすさを考える上で
はどちらも共通しています。しかし，その方法論が違ってきます。

　花熊曉（2018）は，「授業の UD」と「UDL（学びのユニバーサルデザイ
ン）」の違いについて，次のようにまとめています。

　「特別支援教育と教科教育のコラボレーションについては，現在，２つの
立場から実践が試みられている。１つは米国の CAST が提唱する『学びの
ユニバーサルデザイン（UDL）』をもとにした UDL 研究会の研究実践，も
う１つは2016年１月に結成された日本授業 UD 学会の研究実践である。こ
の２つの研究会は，『学びのユニバーサルデザイン』を提唱する点では共通
しているが，取組のスタンスはかなり異なっており，UDL 研究会の取組は，
認知科学（脳機能）に基づく学習理論と学習過程における ICT 活用が大き
な特徴で，学習者の状態とニーズに応じた学習カリキュラムそれ自体を検討
しようとしている（学習の困難はカリキュラムが子どもにマッチしていない
ことから生じるという考え方）。これに対して，授業 UD 学会は，伝統的な
教科教育法を基盤とし，そこに特別支援教育の考え方を取り入れることで，
全ての子どもが『楽しく，わかる，できる』授業を作ろうとしている。その
ため，UDL 研究会が目ざすのは『どう教えるかではなく，どのように学ぶ
か』という『学習者主体の学習』，授業 UD 学会が目ざすのは『授業の哲学
の形成』と『教師の授業力の向上』というように，最終的な目標も異なって
いる。もちろんこの違いは，両者がよって立つ基盤の違いによるもので，学
習者主体の学習，教師の授業力の向上という点では双方の共通性もあり，最
近は両者の間でも交流が行われていることから，今後の発展が期待されると
ころである」

　両者の違いを認めつつ，それぞれの共通点が述べられています。先述した
ように，UDL は多様な学習者に対して学び方や教材などの様々な選択肢
（オプション）を準備します。それに対し，授業 UD は多様な学習者みんな
が学びやすくするための手立てを考えて授業デザインします。

　ここでも，「どちらがよいか？」という２項対立的な発想にするのではな

く，子どもの発達段階や目の前の子どもの状態に合わせて柔軟に考えていく必要があります。また，花熊が述べるように，両者の違いや共通点を踏まえつつ，今後の発展を考えていくべきです。両者の違いや共通点については，次の図のようにまとめました（UDとUDLについては別冊の〈実践編〉pp.144〜でも述べています。ご参照ください）。

授業UDとUDL

	授業UD	UDL (学びのユニバーサルデザイン)
定義	特別な支援が必要な子を含めて，通常学級におけるすべての子が楽しく学び合い「わかる・できる」ことを目指す授業デザイン	人間がどのように学習するかについての科学的洞察に基づいて，すべての人々の教育と学習を改善および最適化するためのフレームワーク
考え方	授業でのバリアを生じさせる発達障害のある子の特徴を踏まえた授業デザインを考える	カリキュラムにおけるバリア（障害）を踏まえた学習デザインを考える
スタンス	伝統的な教科教育法を基盤とし，そこに特別支援教育の考え方を取り入れることで，全ての子どもが「楽しく，わかる，できる」授業を作ろうとする	認知科学(脳機能)に基づく学習理論と学習過程を基盤とし，学習者の状態とニーズに応じた学習カリキュラム（ゴール，方法・手段，教材，評価）それ自体を検討しようとする
目標	「授業の哲学の形成」と「教師の授業力の向上」	「学習者主体の学習」と「学びのエキスパート」の育成
方法	一斉授業の中で指導可能な支援の手だてを考えて授業デザインする	多様な学習者に対して，学び方や教材などの様々なオプションを準備する
共通点	すべての子どもの学びやすさを考えている点	

授業UD学会HP http://www.udjapan.org/
バーンズ亀山静子 (2020) 「UDLとは何か」『指導と評価・第66巻2月号』日本図書文化協会
花熊曉 (2018) 「ユニバーサルデザインの学級・授業づくりの意義と課題」『社会問題研究・第67巻』　を参考に筆者作成

8 ｜ 個別最適な学びと UDL

　令和3年3月に文部科学省から「学習指導要領の趣旨の実現に向けた個別最適な学びと協働的な学びの一体的な充実に関する参考資料」（以下，「参考資料」）が出されました。

　「学習指導要領において示された資質・能力の育成を着実に進めることが重要であり，そのためには，新たに学校における基盤的なツールとなるICTも最大限活用しながら，多様な子供たちを誰一人取り残すことなく育成する『個別最適な学び』と，子供たちの多様な個性を最大限に生かす『協働的な学び』の一体的な充実が図られることが求められるとされています。また，その際にはカリキュラム・マネジメントの取組を一層進めることが重要とされています」

ここに示されている「多様な子供たち」や「多様な個性」という言葉は，UDL の考え方と合致します。また，カリキュラム・マネジメントの取り組みを進めるという箇所も，カリキュラムに障害があるという UDL の考え方に合います。また，次のようにも示されています。

　「『個別最適な学び』について，『指導の個別化』と『学習の個性化』に整理されており，児童生徒が自己調整しながら学習を進めていくことができるよう指導する。（参考資料）」

　自己調整というキーワードも，UDL のガイドラインに出てきます。

　本項の最初で述べたように，個別最適な学びと UDL はやはり親和性が高いです。UDL の理念と重ね合わせながら，個別最適な学びについて考えていくことの重要性が感じられます。

〈参考資料〉
・ネットワーク編集委員会 編 （2022）『授業づくりネットワーク№40』「個別最適な学び」学事出版
・花熊曉 （2018）「ユニバーサルデザインの学級・授業づくりの意義と課題」『社会問題研究・第67巻』
・『指導と評価　第66巻2月号』（2020）日本図書文化協会
・バーンズ亀山静子 （2020）「UDL とは何か」『指導と評価　第66巻2月号』日本図書文化協会
・ヴィゴツキー 著／土井捷三，神谷栄司 訳 （2003）『「発達の最近接領域」の理論　教授・学習過程における子どもの発達』三学出版
・Hattie,J.,Timperley,H(2007) "The Power of feedback", EDUCATIONAL ASSESS:MENT AND EVLUATION, Current Issues in Formative Assessment, Teaching and Learning,Vol.Ⅳ,

8 学びの自己調整

　子どもたちが自ら主体的に学ぶ力の重要性は，どの時代でもよく指摘されてきました。今，私の手元にある書籍のいくつかを見ても，「自己学習能力」「生涯学習能力」「自己教育力」「自己調整力」等，様々な似た言葉が並びます。

　ここでは，いくつかの言葉の定義が生まれた時代背景と，子どもたちが自己調整しながら学びを進めることの重要性について述べていきます。

1 ｜ 自己教育力

　「自己教育力」という概念は，1983年11月に出された中央教育審議会教育内容等小委員会の『審議経過報告』において打ち出されたものです。この報告では，今後重視しなければいけない視点として，次の４項目があげられました。

> ①自己教育力の育成
> ②基礎・基本の徹底
> ③個性と創造性の伸長
> ④文化と伝統の尊重

　さらに，これらの視点をたてるにいたった背景として，次のように指摘されました。

　「今後における我が国社会の変化を的確に予測することはもとより困難であるが，情報化などの社会の急激な変化は更に継続していくものと思われる。加えて，高齢化の進行や国際社会における責任の増大など我が国の社会がこれまで直面したことのない新たな変化や新たな課題に取り組むことにもなるであろう。このような新たな変化や新たな課題に適切に対処するためには，

主体的に変化に対応する能力をもち，個性的で多様な人材が求められるものと考えられる。主体的に変化に対応する能力としては，例えば，困難に立ち向かう強い意志，問題の解決に積極的に挑む知的探究心，主体的に目標を設定し，必要な知識・情報を選択活用していく能力，自己を抑制し，他者を尊重しつつ，良好な人間関係を築いていくことのできる資質などが重要視されるものと考える（下線筆者）」。

「自己教育力」の重要性が指摘されています。「自己教育力」は，「自己学習」「自己形成」「自己啓発」「自己陶冶」などの概念を統合したものと考えられます。

2 ｜ 自己学習力

自ら主体的に学ぼうとする自己学習力が必要となります。自己学習力は，個人が問いを持ち，個人の学習方法で追究していく力のことです。

北俊夫（1996）は，

「いまや学校教育に求められていることは，学校での学習を主体的に学ぶだけでなく，一人の人間として自らの問題意識や興味・関心などにもとづいて，生涯にわたって学び続ける力（具体的には，一生学び続ける意欲，態度，能力。すなわち，生涯学習力とか自己学習力と言われるもの）の基礎を育てることである」

と述べています。

高山次嘉（1996）は，

「現代社会において人並みに生活をするために，生涯にわたって自己学習を続けなければならないとすれば，学校は雑多な知識を教え込むよりも，自己学習の能力を育てることにもっと力を致すべきである。（途中省略）もっと学習方法，能力，調べ方や考え方，さらに根源的には学ぼうとする意欲や態度を育てるように学校を自己学習の場として改造しなければならない」

と指摘しています。

当時，「新学力観」というものが打ち出されていました。新学力観とは，

臨時教育審議会答申や1987年の教育課程審議会答申で提起され，1989年改訂の学習指導要領に採用された学力観のことです。

「社会の急速な変化が既習内容をすぐに古いものにしてしまう」という問題意識から，変化に対応する諸能力を重視するという考え方が提起されました。背景として，社会の急激な変化が挙げられます。

また，1996年に文部省（現在の文部科学省）の中央教育審議会（中教審）が「21世紀を展望した我が国の教育の在り方について」という諮問に対する第1次答申の中で，

「我々はこれからの子供たちに必要となるのは，いかに社会が変化しようと，自分で課題を見つけ，自ら学び，自ら考え，主体的に判断し，行動し，よりよく問題を解決する資質や能力など<u>自己教育力</u>であり，また，自らを律しつつ，他人とともに協調し，他人を思いやる心や感動する心など，豊かな人間性であると考えた。たくましく生きるための健康や体力が不可欠であることは言うまでもない。我々は，こうした資質や能力を，<u>変化の激しいこれからの社会</u>を，[生きる力]と称することとし，知，徳，体，これらをバランスよくはぐくんでいくことが重要であると考えた（下線筆者）」
と述べたことから，教育の新たな目的の1つとして上げられるようになりました。

「社会の急激な変化」や「変化の激しいこれからの社会」といった言葉が見られます。どの時代でも言われてきたことではありますが，これから迎える社会ほど急激な変化，先が見えない社会はないのではないでしょうか。そう考えれば，より，「自己学習力」や「自己調整力」というものが必要になってくると考えられます。

3 | 自己調整学習

学習者自身が自らの学習を調整しながら能動的に学習目標の達成に向かう学習を，ジマーマン（1990）は「自己調整学習」と呼びました。自己調整学習とは，1980年代初頭から台頭してきた理論です。

ジマーマン（1994）は，学習における自己調整を発揮する領域として次の6つを挙げています。

①学習動機
②学習方法
③学習時間
④学習結果
⑤学習の物理的環境
⑥学習の社会的環境

　これらを学習者が調整することで，効果的な学習が実現すると考えました。かなり広い範囲での調整が必要だということがわかります。メタ認知スキルや，動機づけと感情を調整したり，学習に関わる行動をコントロールしたり，学習環境について妥当な判断をしたりする必要があります。
　『自己調整学習の実践』には次のように記されています。
　「自己調整理論家は，学習を，３つの主要な段階が生じる学習者側のサイクル活動を必要とする終わりのない過程とみている。その段階とは，計画，遂行あるいは意思的制御，そして自己内省である。計画段階は，学習しようとする取り組みに先行し，学習の場面を設定する有力な過程であり信念である。第２の自己調整段階である遂行や意思的制御は，学習の取り組みの際に生じ，集中と遂行に作用する過程である。第３の自己調整段階である自己内省は，学習の取り組みの後で生じ，その経験に対する学習者の反応に影響する過程である。この自己内省は，今後は，次の学習の取り組みの計画に影響する。以上が，自己調整循環の全体である」
　学習の取り組みの前，学習の取り組みの際，学習の取り組みの後の３つの段階に生じる学習サイクルを学習者自身で回すことが自己調整学習であり，自律的に学習を進める姿だと考えられます。しかし，いきなり自律的に学習を進めることは容易ではありません。

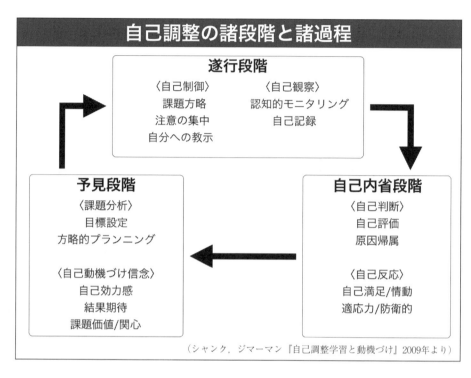

自己調整の諸段階と諸過程

遂行段階

〈自己制御〉　　　〈自己観察〉
課題方略　　　認知的モニタリング
注意の集中　　　自己記録
自分への教示

予見段階

〈課題分析〉
目標設定
方略的プランニング

〈自己動機づけ信念〉
自己効力感
結果期待
課題価値/関心

自己内省段階

〈自己判断〉
自己評価
原因帰属

〈自己反応〉
自己満足/情動
適応力/防衛的

（シャンク，ジマーマン『自己調整学習と動機づけ』2009年より）

次の4点をポイントとし，まずは「教師」を主語にして考えます。

①問題解決的な学習の中にあるポイントを1つひとつ確認すること
②少しずつ指導の度合いを減らしていくこと
③選択・決定する機会を設けること
④自己調整できる機会を設けること

4 │ 自律的に学習を進めるようになるためのポイント

❶問題解決的な学習の中にあるポイントを１つひとつ確認 ●━━━━━━━●

学習問題の設定，
仮説や学習計画の設
定，理解度の確認
（まとめ），ふり返り
等，「つかむ」「調べ
る」「まとめる」「い
かす」場面ごとのポ
イントを１つひとつ
押さえます。次のよ
うな問題解決的な学

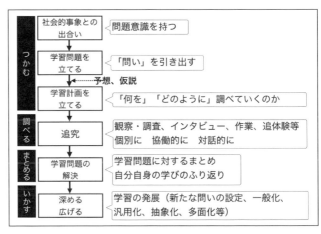

習を進めていく中で，１つひとつ自覚的に子ども自身が学ぶことが重要です。

一斉授業で行っている時に「いずれは子どもがこの問題解決的な学習のプ
ロセスを進める」という意識を授業者が持つことが重要です。そう考えれば，
問題解決的な学習のプロセスを重視した一斉授業を行うことが前提となりま
す。

１つひとつの方法を授業内で教師が明示的に示すようにします。

例えば，次のようなものがあげられます。

> ・問題を発見し，「問い」を立てる方法。
> ・予想を仮設に高めて，学習計画を立てる方法。
> ・学習問題や学習計画に応じて適切に調べる方法。
> ・自分の考えや人の考えを共有化する方法。
> ・学んだことを効果的にまとめる方法。
> ・一般化したり，多面化したり，学んだことを活かす方法。
> ・獲得した見方・考え方を適用させる方法。

一例ですが，以上のような学びが自律的に学習を進める際のモデルとなります。

❷指導の度合いを減らす ●━━━━━━━━━━━━━━━━━━━━━━○

　問題解決的な学習の中で先に示した方法を子ども自身で行えるように促し，学びの主導権を少しずつ子どもに手渡していくことが大切です。教師が引っ張る度合いを少しずつ下げていくようにします。

　個人差が大きく出るのではないかという声が聞こえてきます。だからこそ教師は子どもをよく見て，適宜助言，支援をしていくのです。

❸選択・決定する機会を設ける ●━━━━━━━━━━━━━━━━━○

　「どうすればいいと思うか？」と子どもに問いかけ，自分で自分の行動を決定することが重要です。例えば，学習する順序を選択したり，学習する場所を選択したり，学習する対象や人を選択したりすることです。子どもが選択できる機会を少しずつ増やしていくことです。

　ウィリアム・グラッサー博士が主張する「批判する」「攻める」「文句を言う」「ガミガミ言う」「脅す」「罰する」「ほうびで釣る」といった「人間関係を壊す７つの習慣」を使うと，子どもたちは自分で考えるのを止め，親や教師の指示を待ったり，大人の考えに合わせようとしたりするようになります。外側から人を変えられることはほぼありません。

　それとは逆に，「傾聴する」「支援する」「励ます」「尊敬する」「信頼する」「受容する」「意見の違いについて交渉する」という「人間関係を築く７つの習慣」を大切にしたいものです。

❹自己調整できる機会を設ける ●━━━━━━━━━━━━━━━━━○

　子どもたちが自己調整できる時間を十分に与えることが重要です。例えば，ふり返りを充実させることが考えられます。学習の中で自分が学んだ学習内容や学習方法についてふり返り，自分の学びを価値付けたり新たな課題を見つけたりしながら調整することが望まれます。ただ進むだけではなく，一度立ち止まって自分自身をふり返る習慣をつけたいものです。またその際，自分自身の思考を言語化できるように促すことも必要です。子どもたちが試行

錯誤しながら学びを進める時間を教師は充分に確保したいものです。

5 | 子どもの学び方を考える

　このような子どもの学び方を考え直すきっかけになったのは，コロナ禍による長期休業でした。長い休業中の子どもの学び方を見ていて胸をはって「よかった」と言えるのか。大半の子はそうではなかったように思い返されます。しかし，これは決して子どもの責任ではありません。

　今回の出来事ではっきりしたこと，考え直さなければいけないことがあります。それは，我々教師がどのような子どもたちを育ててきたのか，育てようとしてきたのか，ということです。子どもたちの能動性を十分に育まず，受動的な態度になる教育にしてしまっていたのではないかということです。

　子どもたちが主体性のある学びを実現させるための「自己調整」の力を育む活動ができてきたのかをしっかりとふり返りたいものです。

　「自己調整」の力を育むことができていれば，子どもたちは，次のようなことができると考えられます。

・他に興味のあることがあれば学習する。

・役に立つ授業内容を選んで自分でノートにまとめる。

・効果的な学習計画を立てる。

・学んだことを自分で整理する。

・家庭で集中して学習できる環境を整える。

・学習に取り組めるように自分で動機づける。

　自分で課題を見つけ探究的な態度で日々を過ごせるようになるはずです。

　具体的に，シャンク，ジマーマン（2009）は，学校の成績が優秀な学び手は，次のような自己調整学習の実践ができていると指摘しています。

・期日までに宿題を仕上げること
・他にやりたい興味のあることがあるときでも勉強すること
・学校で教科の授業に集中すること
・役に立つ学習内容をまとめたノートをつくること
・授業の課題に関する情報を探すのに図書館を利用すること
・効果的な学習計画を立てること
・学習に関することを効率よく整理すること
・授業や教科書で出てきた内容を憶えておくこと
・家庭で集中して学習できる環境を整えること
・学習に取り組めるように自らを動機づけること
・授業の話し合いに参加すること

　これらのスキルは，学校や家庭における自己調整の実践の中で育まれていくものです。学校では，教師による働きかけが重要です。子どもたちの自律性や自己決定性を高めることです。

　そのために，教師は自律性支援的行動を行う必要があります。

　シャンク，ジマーマン（2009）によると，自律性支援的行動については，

・聞くこと
・学び手の要求を尋ねること
・個別活動の時間を取ること
・学び手の話し合いの促進させること
・理由づけ（根拠）を与えること
・情報的フィードバックとしてほめること
・励ますこと
・ヒントを与えること
・応答的であること
・視点を捉える共感的な言葉をかけること

などをポイントとしてあげています。

逆に，制御的指導行動は，

- 命令や指示を出すこと
- 「～べき」と言うこと
- 「正しい方法」を教えること
- 「正しい方法」を示すこと
- 学習教材を独占すること
- 質問を制御すること

があげられています。

　教師である自分自身ができていること，やってしまっていることをチェックし，自分の授業のあり方，関わり方をふり返る必要性を感じます。

　子どもたちにとって，自己内省することは容易ではありません。だからこそ，教師が授業のつくり方をふり返り，子どもの自己調整を促すものに変化させていく必要があります。

　コロナ禍で，自分の教育や授業のあり方を考え直す機会を設けることができたと捉えることができます。

6 ｜ 内発的動機づけ

　「動機づけ」とは，何らかの目標を達成するために，自分をコントロールしながら，課題に積極的に関わり，かつ，この関わりに有用性を持つことを意味しています（ヤーベラ・レニンジャー，2017）。「内発的動機づけ」と「外発的動機づけ」に分かれます。「内発的動機づけ」は「やりたい！」「こうなりたい！」といった，個人の内部からの欲求となる動機づけです。「外発的動機づけ」は，他人に促されてやるような外部からのはたらきかけによって生じる動機づけのことです。別もののように捉えられますが，実は，適度な外発的動機づけが，内発的動機づけへと変化していくことがよくあります。最初はいやいやか，なんとなくやっていたことが，だんだんとおもしろくなってもっとやってみたいと思えるようになる状態です。我々大人でもよ

くあることです。

　『人を伸ばす力』では，内発的動機づけ，外発的動機づけの研究のまとめとして次のように記されています。

「内発的動機づけは，豊かな経験，概念の論理解度の深さ，レベルの高い創造性，よりよい問題解決を導く。その一方で，統制は，内発的動機づけや課題の遂行を低下させるだけでなく，損得勘定の実利にさとい人には残念なことに，創造性や概念理解，柔軟性を必要とするような課題の成果に妨害的な効果をもたらすのである」

　自己教育力を育成し，自己調整しながら学習を進めるには，主体的に学ぼうとする意欲が大切です。「学ぶことが楽しい」「新しいことを知りたい」という気持ちを持って学習を進めることが重要です。それが内発的動機づけであると心理学では言われてきました。その内発的動機づけを引き出すことがポイントとなります。

7 ｜ 興味の４段階発達モデル

　動機づけを行うために，まずは興味を引き出すことが考えられます。興味とは，一定の時間を通して特定の事例に積極的に関与している状態のことを意味し，ヒディとレニンジャー（2006）は興味の４段階発達モデルを示しています。①状況的興味の喚起，②状況的に維持された興味，③個人的興味の発現，④よく発達した個人的興味，です。社会科の事例と共に，次頁の図を例示します。

　この興味の段階には個人差があります。同じ情報が提供された時でも，状況的興味の喚起で止まる子もいれば，よく発達した個人的興味まで高められる子もいます。そこから段階を上げていくために必要なのが，学習内容の「おもしろさ」です。「おもしろさ」の中には「新奇性」「挑戦性」「意外性」「複雑性」「不確実性」が含まれます。これらは，人に興味を抱かせるポイントとなるものです。学習内容を魅力的なものにし，子どもの興味関心を高める必要があります。

興味の４段階発達モデル

①状況的興味の喚起	「ごみの量が多い」など、ごみについての情報を得たことによって注意が刺激される状態。「気づく」という感じ。
②状況的に維持された興味	「ごみのゆくえについて調べよう」という課題が出されたときに「ごみはどこへいくのだろう？」という興味をいだく状態。気にはなるが、積極的な関わりを持つわけではない。
③個人的興味の発現	「なぜごみはどこかへ運ばれるのだろう？」など、「問い」を持ち、教室内で話し合うなどして建設的に取り組んでいく状態。そこから新たな「問い」も生まれる。
④よく発達した個人的興味	新たに生まれた「問い」に対する問題解決の方法を考えたり、多様な情報について考えたりできる状態。積極的に考えている感じ。

（大島純,千代西尾祐司 編『主体的・対話的で深い学びに導く学習科学ガイドブック』2019年を参考に著者作成）

8 ｜ 知的好奇心の喚起

内発的動機づけの原型は知的好奇心です。自然にあらわれてくる知的興味を待つというものではありません。いかにして知的興味をつくり出せるのか，いかにして知的好奇心を強めることができるのかを教師が考えることが重要です。

その１つのポイントと

知的好奇心の喚起

課題 | 問い
知的好奇心の喚起と充足

「さびつきかけている」知的好奇心に活を入れ、知的好奇心を行使する楽しさを体験させる。

知的好奇心の喚起と充足の経験をくり返すことによって、既存の知識体系の矛盾に敏感になり、ひいては、みずから積極的に、そうした矛盾をさがし求めるようになることが示唆される。

（波多野誼余夫 編『自己学習力を育てる』1980年，東京大学出版会を参考に筆者作成）

なるのが「問い」です。しかし，簡単に「問い」は出てくるものではないということを押さえておくことも重要です。稲垣佳世子（1980）は「『さびつきかけている』知的好奇心に活を入れ，知的好奇心を行使する楽しさを体験させること」「知的好奇心の喚起と充足の経験をくり返すこと」が必要だと述べています。

子どもが「問い」をつくる授業を行い，子どもの知的好奇心を引き出す授業をどれだけしてきたのかを問い直されます。

先に述べたように，簡単に問いが出てくるものだとは思っていません。ですから，教師の「発問」や「教材」を吟味し，研究することが重要だと感じています。知的活動として教科学習を捉え直し，教科としての面白さを追究しなければ，子どもから知的好奇心も引き出せません。ましてや，子ども自ら知的好奇心の喚起と充足の経験をくり返すことになりません。

日常的に「問い」について敏感になり，意図的に子どもたちが「問い」を生みやすくできる環境をつくっていくことがポイントだと考えます。

9 | 社会的相互交渉への動機づけ

波多野誼余夫，稲垣佳世子（1971）は，
「社会的相互交渉への動機づけは，『仲間の人びとと，情報・影響・寄与ををやりとりする行動』を誘発し，かつそうした行動が実現されれば低減する（充足される）といった性質のものである」
と述べています。

また，次のようにも述べています。

「相互交渉の過程は，それ自体必然的に学習をもたらすものではないが，しばしばその契機を提供する。ダベっている時に，ヒョイとよいアイディアが浮かんだりするし，相互批判が知的進歩の源泉であることも疑いないだろう。さらに，誰かの役に立ちたいとか，自分の帰属している集団の発展に寄与したいといった願望が知的活動に大きなエネルギーと持続性を与えること

も確かであろう」

　この相互交渉への動機づけを，授業でいかに利用するかを提案しています。授業の中で，子ども同士の活発な相互交渉を許し，授業の中で子どもが様々な役割を取れるようにする，ということです。そこで，「学習者の役割には４つのものがあり，そのすべてが満たされるほど学習を促進する」というムーアとアンダーソンの考え方を紹介しています。少し長いですが，示唆に富む内容なので引用します。

　「第一の役割は，『働きかける人』のそれである。これは，環境にはたらきかけて，そこに変化を生ぜしめたり，特定の情報を収集したりする能動的な活動と結びついている。第二は，『待ち受ける人』の役割で，ちょうど医師の診療を待つ患者のように，自分が制御しえない環境内び変化が生ずるのを受動的に待っているのがこれにあたる。伝統的な一斉授業のもとでは，学習者はもっぱらこの役割のみを強制されて来た，と考えてよい。第三は『やりとりする人』。この場合には，自分と相手の両方がイニシアティブを持っているから，相手の攻め口にあわせて作戦をかえたり，表面にあらわれた動きから相手の意図を読み取ったりすることが要求される。第四は『判定する人』の役割である。つまり，ゲームの当事者の行動を評価したり，やりとりの経過をみていてある助言を行ったりすることがこれにあたる。

　子ども同士からなる集団を自由に活動させておくと，濃淡の差こそあれ，どの子どももこれらの役割のすべてを経験するだろう。自分から先頭に立って遊ぶときもあれば，他人の遊びをじっとみているときもある。相手の立場に立つことむずかしいにしろ，妥協や折衷はしばしば生ずるし，なかには仲裁をかって出る子どももいる。しかし，おとなが一定の原則をもって子どもをしつけようとするときや，子ども同士の集団に介入しすぎるときには，子どもの経験する役割が限定される危険が大きい。これは，ほとんどの場合，『待ち受ける人』に子どもの役割を固定する結果となる。伝統的な一斉授業は，まさにこの典型である。だから，授業で相互交渉の動機づけを生かそうとすれば，結局ほかの三つの役割を積極的に導入するか，ないしは教師の統

制を大幅に弱めることになるだろう」

　ここに，授業を変えていくポイントと，協働的な学びを進めることの重要性が指摘されていると考えられます。

　このような子ども同士の相互交渉を活発にするために教師の一方的な指導を減らしていく必要があります。「働きかける人」「待ち受ける人」「やりとりする人」「判定する人」，子どもがこれらすべての役割を経験できる余白をつくり，その環境を整えることが重要です。

〈参考資料〉

- 北尾倫彦 編（1987）『自己教育力を考える』日本図書文化協会
- 文部省（現在の文部科学省）：中央教育審議会（中教審）（1996）「21世紀を展望した我が国の教育の在り方について」
- 北俊夫（1996）『「生きる力」を育てる社会科授業』明治図書
- 高山次嘉（1996）『社会科教育の回生』教育出版
- バリー・J. ジマーマン，ディル・H. シャンク 編著／塚野州一 編訳（2006）『自己調整学習の理論』北大路書房
- バリー・J. ジマーマン，ディル・H. シャンク 編著／塚野州一 編訳（2007）『自己調整学習の実践』北大路書房
- バリー・J. ジマーマン，ロバート・コーバック，セバスチアン・ボナー（2008）『自己調整学習の指導』北大路書房
- ディル・H. シャンク，バリー・J. ジマーマン 編著／塚野州一 編訳（2009）『自己調整学習と動機づけ』北大路書房
- バリー・J. ジマーマン，ディル・H. シャンク 編著／塚野州一 編訳（2014）『自己調整学習ハンドブック』北大路書房
- L.B. ニルソン／美馬のゆり，伊藤崇達 監訳（2017）『学生を自己調整学習者に育てる』北大路書房
- 大島純，千代西尾祐司 編（2019）『主体的・対話的で深い学びに導く学習科学ガイドブック』北大路書房
- 三宮真智子（2018）『メタ認知で〈学ぶ力〉を高める：認知心理学が解き明かす効果的学習法』北大路書房
- エドワード・L. デシ，リチャード・フラスト 著／桜井茂男 訳（1999）『人を伸ばす力』新曜社
- 梶田叡一（1986）『たくましい人間教育を　真の自己教育力を育てる』金子書房
- 波多野誼余夫，稲垣佳世子（1971）『発達と教育における内発的動機づけ』明治図書

・波多野誼余夫 編（1980）『自己学習能力を育てる』東京大学出版会
・北尾倫彦 編（1987）『自己教育力を考える』日本図書文化協会
・北尾倫彦 編著（1990）『自己教育力育成の実践事例集』図書文化社
・北尾倫彦（1986）『自己教育力を育てる先生』図書文化社
・柿谷正期，井上千代（2011）『選択理論を学校に』ほんの森出版
・平井信義（1986）『子どもに「まかせる」教育　自己思考・自己選択・自己実現力を育てる』明治図書
・R. ド・シャーム 著／佐伯胖 訳（1980）『やる気を育てる教室　内発的動機づけ理論の実践』金子書房
・桜井茂男（1990）『内発的動機づけのメカニズム　自己評価的動機づけモデルの実証的研究』風間書房
・桜井茂男（1997）『学習意欲の心理学　自ら学ぶ子どもを育てる』誠信書房
・桜井茂男（1998）『自ら学ぶ意欲を育む先生』図書文化社
・宮本美沙子（1981）『やる気の心理学』創元社
・宮本美沙子，奈須正裕 編（1995）『達成動機の理論と展開　続・達成動機の心理学』金子書房
・波多野誼余夫，稲垣佳世子（1973）『知的好奇心』中央公論新社
・波多野誼余夫，稲垣佳世子（1984）『知力と学力』岩波書店
・波多野誼余夫，稲垣佳世子（1989）『人はいかに学ぶか』中央公論新社

9 | 学習評価

1 | いつでも，どこでも，だれでも

田村学（2021）は，学習評価の機能として以下の４点を示しています。

> ①指導と評価の一体化
> ②説明責任の遂行
> ③自己評価能力の育成
> ④カリキュラムの評価

今までは①に焦点を当てて議論されてきました。しかし，本来学習評価とは，教師サイドの問題だけでなく，子ども自身や保護者，教育課程にとっても機能すべき重要なものです。つまり，学習評価はより汎用的で，誰もがわかりやすく簡単で，安定的であることが求められます。それらを踏まえて，「いつでも，どこでも，だれでも」評価できるようにすることが重要だと田村は述べています。

2 | 見えにくいものを「見取る」

今回の学習指導要領の改訂において，育成を目指す資質・能力が「知識・技能」「思考・判断・表現」「主体的に学習に取り組む態度」の３観点に整理されました。これら３観点は各教科共通なので，明確に，統一的に，より幅を広げて豊かに評価できるようになったと言えます。

田村は，これら３つの期待される資質・能力が子どもに身についているかを学習評価によって明らかにしていかなければいけないと述べています。しかし，「思考力，判断力，表現力等」や「学びに向かう力，人間性等」は見えにくいものです。その見えにくいものを見取り，評価することが重要だと

述べているのです。よりよく子どもを理解するためにも，この指摘は重要だと考えます（「見取り」とは，「子供の学びを捉え，解釈する教師の行為」「形成的評価を行う中で，指導の改善に機能させる教師の行為」と説明しています）。

　その際のポイントとして紹介されているのが，嶋野道広の言葉を借りた「広い目」「長い目」「基本の目」です。以下に説明します。

---

①広い目
　　子供の姿を空間軸で関連付けて多面的に見取ること。
②長い目
　　子供の姿を時間軸で関連付けて継続的に見取ること。
③基本の目
　　その授業で目指す子供の姿を基に見取ること。

見えにくいものを「見取る」

子ども の学びを捉え、解釈する教師の行為
形成的評価を行う中で、指導の改善に機能させる教師の行為

「思考・判断・表現」
「主体的に学習に取り組む態度」

➡見えにくい

①広い目　②長い目　③基本の目

（田村学『学習評価』東洋館出版社，2021年を参考に著者作成）

以上の３つの目のうちの③,「基本の目」が,具体的な学習活動における評価規準の設定となります。田村は,

　「評価規準となる子供の姿を具体的に言語化することで,目の前の子供の姿がよりよく見えるようになる」

　「具体的な子供の姿として評価規準を言語化し設定することは,多くの評価者による評価を『いつでも,どこでも,だれでも』実施できる安定的なものにしてくれる」

と説明しています。

3 ｜ 評価規準作成のポイント

　田村は指導と評価の計画と評価規準を作成するポイントとして以下の４つを挙げています。

---

①「いつ」評価時期や評価場面を示す。

②「誰が」評価者を示す。

③「何を」評価規準を示す。

④「どのように」評価方法を示す。

> ### 評価規準の設定
>
> ## ③基本の目＝評価規準の設定
>
> **▶目の前の子供の姿がよりよく見えるようになる**
>
> **▶評価を「いつでも、どこでも、だれでも」実施できる安定的なものにしてくれる**
>
> ①「いつ」評価時期や評価場面を示す。
> ②「誰が」評価者を示す。
> ③「何を」評価規準を示す。
> ④「どのように」評価方法を示す。
>
> （田村学『学習評価』東洋館出版社,2021年を参考に著者作成）

妥当性と信頼性のある学習評価を実現していく最大のポイントは，確かな評価規準の設定にあると述べています。その表現様式として，次のフォーマットを用意しました。

> 「～について，～において（学習対象・学習活動・学習場面），
> 　～しながら，して～（資質・能力の主要部分），
> 　～している（子供の行為）」

　例えば，

〈知識・技能〉
「様々な土地にくらす人々の生活について
資料から調べたことパンフレットにまとめ，
その土地の自然条件に合わせたくらしをしていることを理解することができる」
〈思考・判断・表現　※思考スキルと結びつける〉
「様々な土地にくらす人々の生活について
低い土地と高い土地を比較しながら，
それぞれの特長をノートに書き込んでいる」
〈**主体的に学習に取り組む態度　※情動スキルと結びつける**〉
「様々な土地にくらす人々の生活について
話し合いを通じて異なる意見を参考にしながら，
それぞれの特長をノートに書き込んでいる」

などが考えられます。
　フォーマットがあれば比較的容易に評価規準をつくりやすくなります。田村は，「とにかくまずはご自身で作ってみることが重要」だと述べています。やっていく中で気づきや改善点が生まれます。
　期待する子どもの姿を具体的に想定し，評価規準として言語化することに

よって，その授業で目指す子どもの姿をもとに，見えにくいものを見取り，評価しやすくなります。

　見えにくいもの（思考や態度）を見取り，学習活動の中でも子どもたちに豊かな声かけ（評価）ができるように，評価基準（ゴールの姿）を明確に持っておく必要性を感じます。

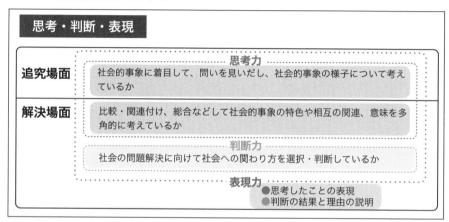

4 | 自己評価

❶自己評価の意義

　評価について，教える側の視点だけでなく，学ぶ側からの視点も必要です。自分自身を客観的に主体的に評価し，自らの問題として吟味できるようにします。

　自己評価の意義について，例えば次のように述べられています。

　「評価は常に学習者に自覚されていかなければならない。つまり学習者の自覚的行為にビルトインされた時に，真の評価としての機能を発揮することができる。（中略）結局自己評価だけが学習に生きる評価だと思う」（山田勉「学力評価研究の展望と課題」『教育方法研究年鑑』明治図書，1975年7月）

　「児童生徒の学習の改善と向上の実現は，結局は生徒自身の問題であり，生徒の自己評価こそが直接的効果を発揮する」（橋本重治『新教育評価法総説』（下巻）金子書房，1976年の二宮淳子「授業における学習者の自己評価に関する事例研究」『名古屋大学教育学部紀要　教育学科』第25巻，1978年における要約）

　学習における自己評価の重要性が感じられます。私自身，子どもが自律的に学習を進める上で，自己評価について考えることは1つのポイントだと感じています。

　自己評価を機能させるためには，子どもたちが学習成果を自分自身のものとして引き受けるための場と，そのための手立てを用意する必要があります。また，外的評価の受け止め方の指導も必要になってきます。子どもたちが自らの学習に関する事実をどのように受け止め，どのような形で次につなげていくのかを指導していくということです。

❷安彦忠彦の「自己評価」研究

　「自己評価」については，安彦忠彦の研究に着目しました。主に心理学によって議論されていた「自己評価」論に，教育学的視点を盛り込み，より大きな概念として「教育における自己評価」の必要性を説きました。安彦は，

「評価は本来すべて自己評価である」と一貫して主張しています。

　また，安彦（1987）は，「自己評価とは，子どもが自分で自分のめざした行動を正しく実現できるためなのである」と述べ，意識的なフィードバックを通して行動を修正することの重要性を説明しています。自己の活動の改善を第一の目的とし，子どもたちがよりよい自分をつくっていくために妥当な自己評価をすることができる能力の育成を目指しています。

　自己評価能力の中身として，安彦（1994）は次の4点を挙げています。

①評価基準の妥当な水準での決定能力
②評価の方法のより良いものの選択能力
③評価対象への客観性の高い吟味能力
④評価結果を次の活動に効果的に生かす能力

どれも簡単に育成できるものではありません。そこで，「自己評価能力の育て方」として，安彦（1994）は5つの原則を挙げています。

［原則1］自己評価能力は，体験的にしか育てられない。
［原則2］自己評価能力は，長期的にしか育てられない。
［原則3］自己評価能力は，他者評価を含めて，段階的に育てられねばならない。
［原則4］自己評価能力は，書かせることを中心として育てられるべきである。
［原則5］自己評価能力は，基本的に学習主体・学習責任者としてとらえるべきである。

　この5原則を前提に，安彦（2002）は，さらに具体的な方法を提案しています。

①学習計画を立てると同時に，その成果をどう知るのかについての評価
　計画を立てさせる。
②学習者本人が，外部評価者（他者評価をする人）の評価基準を内面化
　していくように工夫する。
③完全な「他者評価」との中間にある「相互評価」，仲間集団の中での
　評価の試し合いの経験をさせる。
④「子どもが自分を見つめる力」を確認して，それをふくらませていく
　工夫を考える。
⑤「自己の重層性」に気づかせる工夫をする。

　自己評価能力は，体験的に自己評価する活動を通すことでしか高めること
ができません。自己評価というと，個人の主観的な評価のみで行うイメージ
が強いですが，安彦（1998）は「一般に『評価』を活動の改善のためのもの
と規定すれば，たとえ主観的であっても，それが活動の質を改善するかぎり，
なんら問題ではない」と述べます。

　また，自己評価と言えども，個人は他者と支え合い，相互に作用したり影
響を与えたりする関係性の中にあります。そのため，自己評価を行う際に他
者評価や相互評価を取り入れることも重要です。また，一時的なチェックで
終わらせる自己評価ではなく，長期的に計画的に継続して行うことが重要で
す。

　近年，安彦（2021）は，「自己評価能力」を育てるポイントとして以下の
５つを挙げています。

①幼児から常に自分の言動を見直し，振り返らせるように注意し，これ
　を習慣化する。
②プラスもマイナスも，すべての自己評価の最終目的を「自信」の創出
　に置く。

③自己評価の甘さ・辛さが見られたら，客観的なデータを対置して示す。

④何か一つ目標となるようなものを持たせ，それに向かって個人的な努力を尽くさせ，それを個人内絶対評価の方法で評価するようなプログラムを実行・継続させる。

⑤自学自習＝個別自主学習＝自己教育の方向に向けて，すべての教育を「自立＝独立」を目指すものとして計画化する。

　これらのポイントは，教師が適切に促し，環境を整えることで機能するものだと考えます。

　また，自己評価が生み出すものとして，次の5点を挙げています。

①技能面の調整能力

②知能面の論理的調整能力

③情緒面での統合能力

④情緒面での統制能力

⑤精神面での内省能力

　多くの能力の育成が期待できます。

　以上，安彦が示す自己評価能力を育てる方法，ポイント，効果などを鑑みることが，自身の実践のヒントとなります。

❸自己評価に対する評価

　子どもが自分の個性を生かし，伸ばすためには，自分自身を理解する必要があります。「自分は何がしたいのか，どのようにしたいのか，どう評価したいのか」を自分で決定し，学習を進めることが重要です。評価は，「個人内絶対評価」を基本とし，教師の評価を副次的なものとするべきです。

　ただ，教師は，子どもが行った自己評価に対する評価を行い，その妥当性を明示するべきです。それをくり返すことで，子どもの自己評価の質と妥当性も向上すると考えられます。評価に直結する，目標設定の際にも助言するべきです。もちろん最終的な決定は子どもに委ねます。

子どもたちが「自己評価」をすることによって，学習を自分のもの，自分のこととして自覚させることができます。形態だけを考えるのではなく，「個の自己評価力を高めること」「自己評価に対する評価を教師が行うこと」。これが自律的に学ぶ子どもたちを育てるポイントとなります。

　自己評価における実践は，別冊の〈実践編〉をご参照ください。

〈参考資料〉
・田村学（2021）『学習評価』東洋館出版社
・国立教育政策研究所（2020）「『指導と評価の一体化』のための学習評価に関する参考資料」
・梶田叡一（1985）『自己教育への教育』明治図書
・安彦忠彦（2021）『自己評価のすすめ』図書文化社
・安彦忠彦（1987）『自己評価 「自己教育論」を超えて』図書文化社
・安彦忠彦 編（1999）『新版　カリキュラム研究入門』勁草書房
・安彦忠彦（2002）「自己評価の重要性　教育目標としての自己評価能力」『指導と評価』2002年2月号，図書文化社
・安彦忠彦（1994）「自己評価能力の育て方」『指導と評価』1994年7月号，図書文化社
・安彦忠彦（1998）「自己評価の効用と実際」『指導と評価』1998年2月号，図書文化社
・安彦忠彦，岡崎市立竜南中学校 編（1997）『自己評価を取り入れた授業』明治図書
・安彦忠彦，各務原市立稲羽中学校 編（1997）『自己評価で授業が変わる』明治図書
・安彦忠彦，北海道教育大学教育学部附属釧路小学校 編（1997）『自己評価能力を育てる授業』明治図書
・安彦忠彦，新城市立東郷東小学校（1997）『「ふりかえり」のある授業』明治図書
・安彦忠彦，安城市立東山中学校 編著（1999）『ツーアイでめざす自己評価』明治図書
・安彦忠彦，盛岡市立上田中学校（1999）『自己評価を生かした授業の創造』明治図書
・田中耕治 編著（2007）『人物で綴る戦後教育評価の歴史』三学出版
・廣嶋憲一郎（2019）『社会科授業　教材・実践・評価のアイデア』教育出版
・北俊夫（2017）『「思考力・判断力・表現力」を鍛える新社会科の指導と評価』明治図書

10 非認知能力

1 | 非認知能力と社会情動的スキル

　粘り強くやり遂げる力は，ジェームズ・J・ヘックマン（シカゴ大学・経済学者）が提唱する「非認知能力」と大きく関係があります。非認知能力とは，読み書き・計算などの数値で測定する認知能力のように，点数化して測定することが難しい力のことです。例えば，思いやりや社交性，忍耐力や自制心，意欲や自尊心など，人と関わる力のことです。

　これらを国際機関 OECD（経済協力開発機構）は，「社会情動的スキル」と呼んでいます。

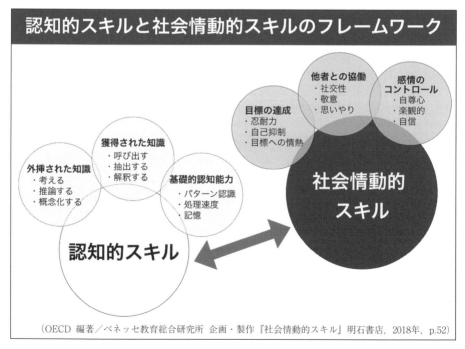

（OECD 編著／ベネッセ教育総合研究所 企画・製作『社会情動的スキル』明石書店，2018年，p.52）

「社会情動的スキル」は，目標の達成，他者との協働，感情のコントロールなどに関するスキルだということがわかります。また，『社会情動的スキル』の中で，「認知スキルと社会情動的スキルが相互に作用し，それによって相互に影響し合っているという考えに基づいたもの」と記されています。⬌がそれをあらわしています。つまり，社会情動的スキルである「目標の達成」「他者との協働」「感情のコントロール」などに関するスキルを獲得・向上すれば，相互作用的に認知的スキルに影響を与えると考えられます。

　「社会情動的スキル」は，正に子どもたちが自己調整的に学習を進める上で必要なスキルだと言えるでしょう。

2 ｜ 非認知能力を育むために

　今まで，非認知能力は家庭で育まれるべきものだという捉え方もされてきました。しかし現在，様々な家庭環境の中，それだけに頼るのは難しいです。認知能力だけでなく，非認知能力も教育の中で伸ばしていくという気持ちを持つことが重要です。

　例えば，やり抜く力，自分を信じる力，自己肯定感，学習志向性，やる気，集中力，ねばり強く頑張る力，自制心，理性，精神力，客観的思考力，判断力，行動力，リーダーシップ，協調性，思いやり，応用力，楽観性，失敗から学ぶ力，創造力，工夫をする力等，数多くの能力があります。

　では，このような非認知能力を育成するためにどのようにすればいいのでしょうか。中山芳一（2018）は，発達段階を意識することが重要だと提案しています。

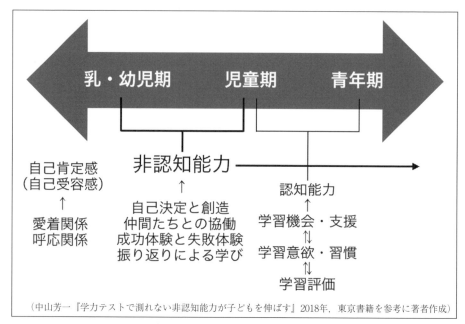

（中山芳一『学力テストで測れない非認知能力が子どもを伸ばす』2018年，東京書籍を参考に著者作成）

　自己肯定感を土台とし，その上で様々な非認知能力を獲得・向上していくことになります。また，「できるだけ早くに認知能力を高めなければと躍起になり，非認知能力の獲得・向上をないがしろにして知識・技能ばかりを押し付けてしまえば，自分から認知能力を獲得・向上しようという意欲を低下させてしまうことにもなりかねません」と指摘しています。一方的に大人が何かを押しつけるのではなく，自然な発達段階に即して様々な体験や経験をさせ，適切な関わり方をしていくことが重要だと考えられます。

　体験や経験を学びへと高めていくプロセスは，次の図が大いに参考になります。

体験したことを自らの内面で**経験**に変え、
その**経験**を振り返ることで**学び**、
そして多様な**能力(認知・思考系・非認知)**を
獲得・向上させる!

体験 → 内面化 → 経験 → 振り返り → 学び → 獲得・向上 → 能力

(中山芳一『学力テストで測れない非認知能力が子どもを伸ばす』2018年, 東京書籍, p.97を参考に著者作成)

また, 大人の子どもへの関わり方について, 中山は次のように提案しています。

①子どもが自分自身と向き合える時間と環境を!

②子どもを一人の人格者としてとらえ, 自ら選択や決定ができるための支援を!

③結果や才能, 他者との比較ではなく, その子が取り組んできたプロセスに価値を!

④大人の固定的で一面的なとらえ方ではなく, 柔軟で多様なとらえ方を!

⑤大人が積極的に楽しさとやさしさと悩ましさを!

⑥上から目線の「すごいね」「いけません」だけでなく, 対等な「ありがとう」や「ごめんね」を!

子どもの権利を尊重することや子どもを一人の人格者として尊重すること, 子どもの学びのプロセスに価値を置くことや子どもを柔軟に捉えていくこと

など，普段の子どもとの関わりから考えさせられることが多々あります。子どもの側に立ち，子どもの側から語られる教師の心構えの必要性を感じさせられます。

3 | ふり返りの習慣化

　中山は，ふり返りの習慣化で非認知能力が向上すると説明しています。

　振り返りは「リフレクション」とも言います。アメリカの学者であるドナルド・ショーンはふり返りを分類していく中で，「行為についての省察」と「行為の中の省察」に着目しました。「行為についての省察」は，どの学習の中でも行われている，本時のふり返りや単元のふり返りのことです。学習をした後に自分自身の学びを俯瞰的に顧みることです。普段よく言われる「ふり返り」とはこちらの方だと考えられます。

　これら「行為についての省察」を量的にも質的にも充実させることで，行為中のふり返り，いわゆるメタ認知が働くようになります。

　（ちなみに，佐伯胖（2022）は，『教育研究№1459』（2022年12月号）の中で，『専門家の知恵　反省的実践家は行為しながら考える』の内容を引用しながら次のように指摘しています。「つまり，原著では，『行為についての省察』というのは，はまってはいけない『落とし穴』として警告していることであり，『省察（re-flection）』というのは，『行為の中の省察』以外にない，としているのである」）

　中山（2018）は，

　「自分の言動に『もう一人の自分』が指示を出したり，調整したりすることができるのです。この真っ最中に振り返っているときの「もう一人の自分」をつくり出すためには，行為の後の振り返りを量的にも質的にもしっかりとしていく必要があります」

と述べています。

　よりよくふり返るためには，自己説明という行為が必要となります。

　「まとめるとどうなる？」

「何が大切だった？」

「次はどのような方法で学べばいい？」

などのポイントを自分に対して問いかけ，説明してみることです。

　これらのふり返りをくり返すことで，行為中にもふり返ることができるようになります。ふり返りの量と質がその子のメタ認知力を高めるということです。質の高いふり返りをくり返すことで，子どもたちが何かをしている最中でも客観的に捉えて判断できるようになります。自分自身をよりよく知ることにつながります。

4 ふり返りの上達方法

❶ふり返りを行おうという気持ちにさせること

　わたしたちがふり返りたいと思う時はどのような時でしょうか。おそらく，学びを整理したり学びを定着させたりする時ではないでしょうか。つまり，価値ある学習ができている時です。子どもたちがふり返りたいと思えるような学習内容を考え，学習中の支援を適切に行いたいものです。

❷ふり返りの方法を教える

　ふり返りの方法は様々あります。私は次の3点を押さえるようにします。

| 1 まとめとふり返りの違い |
| 2 なぜふり返りをするのか |
| 3 ふり返りに何を書くのか |

〈1 まとめとふり返りの違い〉

　1時間の授業の最後には「まとめ」を書く活動が多くなると考えられます。私は，「〈ふり返り〉＝『まとめ』＋α」という形で捉えています。「まとめ」と〈ふり返り〉の違いを明確にします。それぞれの目的や書き方は次頁の図の通りです。

	まとめ	ふり返り
目的	▼学びを確認し，定着させる	▼学びを深め，学びに「つながり」を持たせる ▼変容（成長）を自覚させる
書き方	▼本時の問いに対する答えを書く ▼主語は「問い」と対応 「農家のＡさんは〜。」 「織田信長は〜。」	▼自分自身の解釈や思い，学び方等について書く ▼主語は学習者 「私は〜。」

〈2　なぜふり返りをするのか〉

　まとめをする理由は，学びを確認し，定着させるためです。本時の問いに対する答えを導き出し，学習内容を確認する時間とも言えます。本時の問いが「農家のＡさんは，どのようにして〜？」だとすれば，まとめの文は「農家のＡさんは，〜だ」という風になります。つまり，主語が「農家のＡさん」となり，本時の問いと対応して答えることになります。

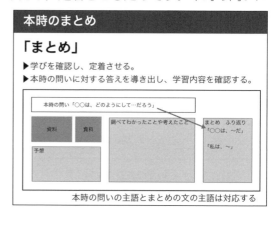

　「まとめ」に対して〈ふり返り〉は，自分自身の解釈や思い，自分の学び方等について書きます。つまり，自分自身に対するふり返りなので，主語は自分自身，「私は〜」となります。〈ふり返り〉を書かせる目的を以下に述べていきます。

154

①学びを深めるため

どのように問題解決をした
のか，思考方法や知識の活用，
コミュニケーションの方法な
どについて，反省的に思考さ
せることができます。また，
客観的に学びを見つめ直し，
自分自身で学びを整理させる
ことができます。つまり，立
ち止まり，熟考することで，
学びを深めることができます。

なぜ〈ふり返り〉なのか

①学びを深めるため
・どのように問題解決をしたのか，反省的に思考させる。
・客観的に学びを見つめ直し，子ども自身で学びを整理させる。
　▶立ち止まり，熟考することで，学びが深まる。

②学びに「つながり」を持たせるため
・新たに得た知識と既有知識とつなげる。
・友だちの考えを自分の学びとつなげる。
　▶知識が構造化される。協同的に学習したことが実感できる。

③自分の変容(成長)を自覚させるため
・どのように学び，どのように自分が変化したのか自覚させる。
・学習内容の獲得だけではなく，「思考法」や「追究法」の獲得を確認させる。
　▶自らの学び方を更新し，主体的・向上的に学ぼうとする意欲につながる。

②学びに「つながり」を持たせるため

新たに得た知識と既有知識とをつなげたり，友達の考えを自分の学びとつなげたりすることで知識が構造化され，知識の質や認識を高めることができます。学びの幅が広がり，協働的に学習したことを実感することができます。

③自分の変容（成長）を自覚させるため

客観的に自分の学びを見つめ，どのように学び，どのように自分が変化したのか自覚させることができます。学習内容の獲得だけではなく，「思考法」や「追究法」など，学び方を確認し，自らの学び方を更新することができます。また，新たな「問い」の創出を意識させることで，主体的，向上的に学ぼうとする意欲にもつながります。

〈3　ふり返りに何を書くのか〉

子どもたちが〈ふり返り〉を書きはじめる時，「何を書いたらいいのかわかりません」「どう書いたらいいのですか？」という声も聞こえてきます。そこで，ふり返りに書く内容の視点を提示し，それを参考に書かせるようにします。

次頁上図の視点が考えられます。

まずはふり返りをすることの意味や方法を子どもたちに明確に伝え，ふり

返る活動をくり返します。そうするうちに，子どもたちは自分が何のために，いつ，どのように，どれくらいふり返るべきなのかも調整できるようになります。ふり返ることが習慣化し，それが自律的な学びにつながると考えます。

ふり返りに書く内容の視点

「まとめ」＋α

①価値判断 「〜したらいいと思う」「一番大切なのは〜だ」
②意志決定 「〜なのでこれから〜したい」
③変化(成長)のきっかけ
　　「〇〇さんの〜という意見で私の考えが〜に変わった」
④一番の学び 「今日の一番の学びは〜だった。理由は〜」
⑤感動 「〜に感動した。その理由は〜」
⑥新たな問い
　　「〜はわかったけど〜の場合はどうなのだろう？」
⑦解釈 「〜と解釈している」
⑧仮定 「もし〜なら〜だろう」
⑨納得・実感 「〜はなるほどと思う」「本当に〜だと感じた」
⑩発見 「〜だということに新たに気づいた」

〈ふり返り〉に書く内容の視点

「まとめ」＋α 削除

①価値判断
②意志決定
③変化(成長)の
　きっかけ
④一番の学び
⑤感動
⑥新たな問い
⑦解釈
⑧仮定
⑨納得・実感
⑩発見

※どのように探究的・協働的に学んだのかを意識する。
※どのように自分が変化(成長)したのかを意識する。
※学んだ内容だけでなく、学び方についても意識する。
※「つながり」を意識させるためにクラスの子の固有名詞が明記されるようにする。
※慣れないうちは「今日は『変化のきっかけ』を必ず入れて〈ふり返り〉を書きます」と指示して書かせてもよい。
※最終的には、①〜⑩のいずれかを自分で意識して書けるようにする。

❸社会科で育てる非認知能力

　加固希支男（2021）は，「算数で発揮させたい『非認知能力』があるのであれば，算数の学習の中ではぐくむ意識が必要である」と述べます。確かに，

教科の中で育まれる非認知能力がありそうです。

　では，社会科ではどうでしょうか。社会科は問題解決的な学習のプロセスの中で見方・考え方を働かせます。p.127の図のような「つかむ」「調べる」「まとめる」「いかす」というプロセスが考えられます。

　「つかむ」場面では，「問い」を持ち，学習問題や学習計画をつくります。「単元」というまとまりで学びを捉え，自分で見通しを持って学びを進められるようにします。つまりここでは，「見通しをもつ力」や「目標達成に向かう意欲」などの非認知能力の育成が考えられます。

　「調べる」場面では，社会的事象がどのようになっているのかという事実追究からはじまり，なぜそのようになっているのかという意味や特色の追究が行われます。その際，課題解決のために協働的に学ぶ場面も出てきます。ここでは「粘り強く考える力」や「他者と協働する力」などの非認知能力の育成が考えられます。また，社会科は人の営みを扱うことが多くなる教科です。「人への敬意や憧れ」を抱く場面も多く見られるでしょう。

　「まとめる」「いかす」場面では，自分自身の学びをふり返ったり，学んだ知識を他の場面に適用できるようにします。ここでは，「客観的に省察する力」や「自分の能力を信じる力」などの非認知能力の育成が考えられます。

　いずれの場面でも，適切な学習活動が行われ，子どもが主体的に学んだ上でこそ育まれるものであることを忘れないようにしたいものです。

　また，子どもたちが社会的事象について理解するだけではなく，学習のプロセスを通じて，どのような非認知能力が身についたのかを子どもたち自身に自覚させることが重要です。そのために，教師が教科のどの単元でどのような非認知能力を育てたいのかを明確に持っておく必要があります。

〈参考資料〉
・経済協力開発機構（OECD）編著（2018）『社会情動的スキル　学びに向かう力』明石書店
・前田康裕（2022）『まんがで知るデジタルの学び』さくら社
・中山芳一（2018）『学力テストで測れない非認知能力が子どもを伸ばす』東京書籍
・宗實直樹（2021）『宗實直樹の社会科授業デザイン』東洋館出版社
・加固希支男（2021）『「個別最適な学び」を実現する算数授業のつくり方』明治図書

11 ICT 端末の活用　1 人 1 台端末

1 | 1 人 1 台端末時代

　個別最適が言われるようになった背景の 1 つに GIGA スクール構想があります（「GIGA」とは「Global and Innovation Gateway for All」の略で，「多様な子どもたちを誰一人取り残すことなく，公正に個別最適化され，資質・能力が一層確実に育成できる教育 ICT 環境を実現する」ために，創造性を育む教育を全国の学校現場で持続的に実現させることを目的にしたもの）。

　「1 人 1 台端末」なので個別の意識が強いですが，端末は協働を促し，学びをつなげるためのツールと捉えた方がよいです。

　ICT の発達と 1 人 1 台端末の実現によって，過去から積み上げられてきた遺産である個別最適な学びのあり方が一気に飛躍する瞬間を迎えています。

　その子の学びの関心に合わせて，その一歩先の学びに誘うツールです。

2 | 学習支援アプリ

　本校で使用している学習支援アプリはロイロです。

　ロイロは 1 つの画面上で情報の整理や順序づけがしやすく，関係性が見やすくなっています。資料やデータをすぐに配布，回収したり，その資料やデータを共有したりながら学習を進めることができます。学習した成果を蓄積し，保存していくことができます。

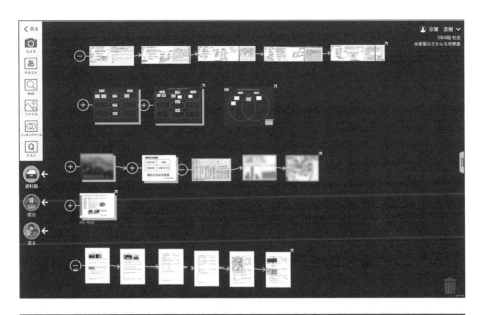

ロイロノートの特徴

保存化	**即時性**	■資料やデータをすぐに配布、回収、提示することができる。 ■データを継続的に蓄積することができる。（ポートフォリオ）
	明示性	■手元で資料を見ることができる。
共有化	**柔軟性**	■文字テキストや画像テキストの順序性や関係性が見えやすく、画面上でテキストの加工がしやすい。 ■一斉に提示し、比較検討しやすい。

つまり，前頁に示したように，即時性，明示性，柔軟性に支えられ，保存化，共有化が進む，非常に優れた学習支援アプリです。

　おそらく多くの学校で，このような保存化や共有化が進む学習支援アプリが使用されることになるでしょう。

　個別最適な学びと協働的な学びを考える上で，この「保存化」と「共有化」は欠かせません。

❶保存化

　p.53や p.62でも述べましたが，子どもの学びの跡をロイロ内に一元化して保存できます。そうすることで自分の学びを俯瞰的に捉えやすくなります。

　教師も同じことが言えます。

　子どもの表現したものを見ることで，子どもの学び方や学んだ内容をさぐりやすくなりました。

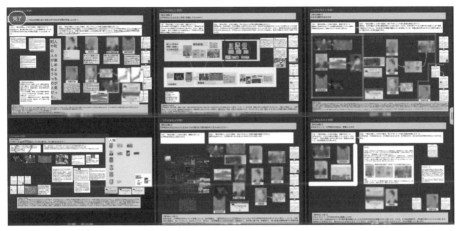

　一定の形を提供しても，それぞれの学びに合わせて個性的なまとめがあらわれます。

❷共有化

　個別に学習を進めていても，ロイロノートの共有機能を使えば，瞬時に他者の学びの跡を見ることができます。

　例えば，次の写真は，ロイロ上で共有されたものを見比べている様子です。

　共有されたものを見つめながら，その子の中で様々な思考がめぐらされていることでしょう。

今まで，授業中で共有する場面は，話し合い活動が中心でした。しかし，話し合いでなくても，ロイロの共有機能を使えば，簡単にそれぞれの考えを共有できるようになりました。

　話し合い活動では，発言することが苦手な子の考えを聴く機会は少なかったように感じます。また，音声言語での表現よりも文字言語での表現の方が得意な子もいます。

　話し合いの場面でも，次のように考えを提出して共有します。

　「聖徳太子の方針で最も大切だと思う方針はどれか？」と問いました。

　例えば，右図のような考えが出されます。

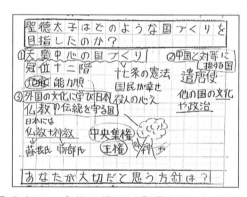

宗子 その当時、天皇より豪族の方が権力がつ強くなっていた。どんなに能力があっても、家柄によって役人になれなかった人がいっぱいいた。人間は平等であるべきだから①が一番大事だと思う。

中央集権！
なぜならやっぱり権力はどこか一点に集中していた方が国内分裂も起こりにくいし，政治の方針などを決めやすいから。

　その中で，全体の場では発言しにくい子でも，「○○さんは日本の文化に着目した意見のようだけど，どうしてそう考えたの？」などと問いかけることができます。時には，みんなが思いつかないような意見を取り上げて称賛を受けることもあります。全体の場での発表では目立たなかった子を生かすことができます。

　このように，1人1台端末の活用によって，音声言語が中心だった話し合いが，文字言語中心に展開できるようにもなります。文字言語の方が，その子らしさがよりよくあらわれることもあります。

音声言語でのやり取りが得意な子，文字言語でのやり取りが得意な子，それぞれの得意なことを選んで生かしやすくなったと考えられます。

4 | 一人ひとりを大切にする

『静かな子どもも大切にする　内向的な人の最高の力を引き出す』という書籍があります。人と会ったり話したりすることは楽しいけれど，その後は自分の時間が必要。人と関わる仕事をしているけど，時にはひっそり一人で過ごしたい。一日の終わりには，仲間と集まって何かをするよりも家でゆっくりしたい。このような「静かな人」とされる子どもも力を発揮できる環境のつくり方や，コミュニケーションの構築の仕方が紹介されています。本書の中で紹介されている「外交的な人は閃光を放ち，内向的な人は寂光を放つ。外交的な人は花火で，内向的な人は暖炉の灯」というソフィア・デンブリングの言葉が印象的です。

ICT 端末の普及は，このような静かな子たちを輝かせ，豊かにするためにもあると強く思っています。その子の学びやすさにつながるツールだと感じています。「私は発表することは苦手だけど，書くことは好きなので，書いて簡単に提出できることが嬉しいです」と言っていた子もいました。

「何を大切にしたいのか」という考えで授業や学習のあり方も変わってきます。「一人ひとりの子を大切にしたい」という想いを具体化するツールがICT 端末なのではないでしょうか。

5 | 検索と学習材の収集

子どもたちが手元で気になる情報を検索し，すぐにアクセスできるようになりました。自分の目的を達成するために必要な情報を簡単に探せるようになりました。例えば，水産業に従事している方々のインタビュー動画や，スマート農業の様子など，すぐに視聴できるようになっています。それも，自分の調べたいタイミングで調べたい時に。今までは，人に来てもらったりその場所で見るしかできなかったりしたことが，いとも簡単につなげられるよ

うになっています。自分自身で必要な学習材を集めるという感覚です。もちろん，リアルな人や場所からの学びが大きく，重要であることは言うまでもありません。それを理解した上で，効果的にICTを使う意味は大きいと感じています。

　しかし，インターネット検索のデメリットもあります。自分が探したい情報になかなかたどりつけなかったり，情報過多で，必要な情報を得ることができなかったりすることなどです。子どもたちの情報処理能力も同時に高めていく必要もあります。

　端末が導入された初期は，ものめずらしさでインターネット検索に走りがちですが，教科書や資料集の方もよく整理されコンパクトにまとめられていることに気づく子も出てきます。まずは教科書や資料集を活用し，さらに深く調べる時にはインターネット情報も必要になるかもしれません。自分の学びの段階に応じて調べるものや調べる方法も変えていけるようにしたいものです。この点は，別冊の〈実践編〉のp.29に紹介する子どものふり返りにもあらわれています。

6 ｜ 時間と空間を超える

　1人1台端末で，時間的，空間的制限が少なくなりました。時間・空間を超えた学びを展開できるようになります。例えば，次のような「ふり返り」を書く時です。

　今までは，基本，1授業の最後には授業内容のまとめや自分自身の解釈等の「ふり返り」を書いていました。その「ふり返り」を書く時間を変えることもできます。授業内ではなく，時間外にする方法です。つまり，下校後，家庭で書くということです。授業の板書写真を撮り，ロイロを通じて子どもたち全員に送ることができます。それを家庭で見ながら1時間の授業をふり返るようにしました。

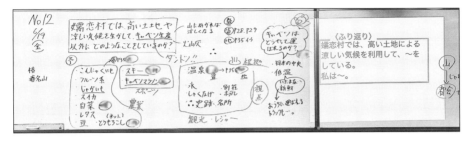

　板書には発言者の名前も記し，友達から得る学びについても書きやすいようにしています。ふり返りを書いた子どものノートは次のようになります。

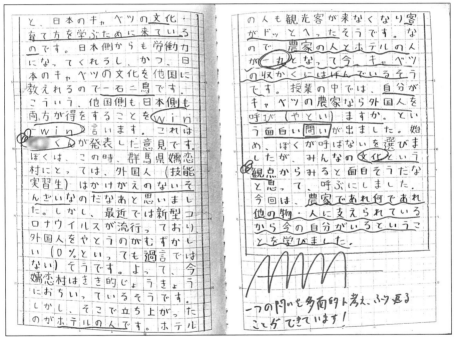

　詳細にふり返りながら「授業分析」のようなものができています。

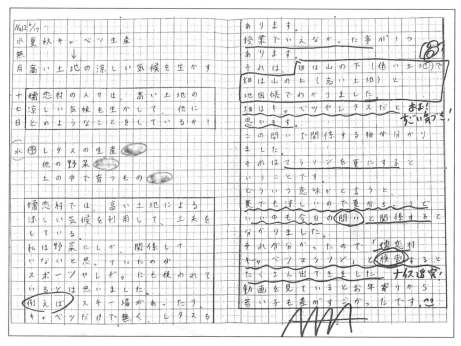

　自分でさらに調べることができています。

　授業内で書くこと，家庭で書くこと，もちろんどちらもメリット・デメリットはあります。

　例えば，

〈授業内に書く時〉

○記憶が鮮明なうちにふり返ることができる。

○授業内でふり返りを全体に紹介し，ふり返りに書きにくさを感じている子の手助けにできる。

○即時的にフィードバックをすることができる。

△十分に書く時間を確保できないことがある。

△時間内に書けないことがある。

△時間がない時に熟考できないことがある。

〈家庭で書く時〉

○１時間の授業をじっくりとふり返ることができる。

○時間が取れるので，さらなる「追究」が進む。

○時間を経ることで得た新たな視点でふり返ることができる。

△授業の内容を忘れてしまうことがある。

△家庭環境によって調べ方に個人差が出ることがある。

などです。

　家庭でゆっくりとふり返ることの効果を大きく感じています。学習内容だけではなく，学習方法や追究方法の獲得につながるからです。もちろん，授業内で書く方が書きやすい子と，家でじっくりと考えて書く方が書きやすい子と，様々です。どちらも選択できるような柔軟性のある授業や学習にするべきです。時間と空間を超えることができる ICT 端末の登場で，学習のあり方も大きく変わると感じています。

　また，ICT 端末の活用は，教師がどのように使うのかという視点で語られることが多いですが，子どもがどのように使うのかという視点で考えることが重要です。子どもが ICT 端末を十分に活用し，新しい方法や発想を創っていく視点を持つことが，個別最適な学びを進める上で大切だと考えます。

〈参考資料〉

・安彦忠彦（1993）『「授業の個別化」その原理と方法を問う』明治図書

・クリスィー・ロマノ・アラビト 著／古賀洋一，山﨑めぐみ，吉田新一郎 翻訳（2021）『静かな子どもも大切にする　内向的な人の最高の力を引き出す』新評論

・宗實直樹，椎井慎太郎（2022）『GIGA スクール構想で変える！１人１台端末時代の社会授業づくり』明治図書

・宗實直樹（2021）『端末導入で変わる授業の「カタチ」』日本文教出版

・樋口万太郎，宗實直樹，吉金佳能（2021）『GIGA スクール構想で変える！１人１台端末時代の授業づくり２』明治図書

・宗實直樹（2022）『１人１台端末で変える！学級づくり365日の ICT 活用術』明治図書

12

学習材の工夫

　子どもたちが自律した学びを進める際に，学習材の存在が大きな役割を果たします。

　加藤幸次，浅沼茂（1987）『学習環境づくりと学習材の開発』という書籍があります。「学習環境」と「学習材」に特化した書籍です。本書籍をもとに説明していきます。

1 ｜ 学習パッケージ

　「学習材」とは，「学習素材」「学習の手引き」「学習シート」をセット化した「学習パッケージ」のことです。

「学習素材」………学習活動に用いるすべてのメディアを指す。

「学習の手引き」…学習活動全体を示したガイドのこと。
　　　　　　　　　①学習のねらい，②導入活動，③学習課題とそこで
　　　　　　　　　用いる学習素材，④発展課題，⑤まとめ活動から構
　　　　　　　　　成されている。
　　　　　　　　　（次頁の図を参照）

「学習シート」……学習課題ごとに学習課題をより詳しく分解し，細か
　　　　　　　　　な学習課題と具体的な学習素材を示す。「学習課題シ
　　　　　　　　　ート」「資料シート」「ヒント・シート」「評価シー
　　　　　　　　　ト」などによって構成されたシートのこと。

単元「未来とつながる情報」学習のてびき

5年（　　）組（　　）番 名前（　　　　　　　　　）

全9時間

単元の目標
○情報が国民生活に大きな影響を及ぼしていることを理解できるようにする。
○大量の情報や情報通信技術の活用は、様々な産業を発展させ、国民生活を向上させていることを理解できるようにする。

時間	教科書ページ	本日の問い	チェック
①	170~173	私たちはニュースなどの情報をどのように集めているのだろう？	
②	174~175	放送局の人々は、多くの人に情報を伝えるうえでどのような取り組みをしているのだろう？	
③	176~179	放送局の人々は、どのようなことに気をつけて情報を伝えているのだろう？	
④	180~181	私たちが情報を受け取るときは、どのようなことに気をつければよいのだろう？	
⑤	186~187	情報をやりとりするしくみは、くらしのどのような場面で見られるのだろう？	
⑥	188~193 198~201	どのような場所で、どのように情報通信技術を活用しているのだろう？（販売、運輸、観光、医療、福祉などの中から選ぶ）	
⑦	194~195	情報通信技術が進むと、どのようなくらしになっていくのだろう？	
⑧	182~183 196~197	「未来とつながる情報」新聞づくり（Pagesで作成）	
⑨	170~201	単元テスト2枚	

発展学習
○自分が選んだ（販売、運輸、観光、医療、福祉）以外のもので、情報通信技術を活用しているものを調べる。

（筆者作成）

１つの単元の目標を達成するために必要なすべての「学習素材」を包括し，総合的に利用していました。まずは目標ありきで，その目標を達成するために必要な「学習素材」を考え，それらを柔軟に組み合わせてパッケージ化していました。

2 ┃ 学習材としての資料

　本書の中の６年生「戦争と国民生活」の実践を紹介します。授業者は，岐阜県池田町立池田小学校の高橋淳司氏。池田小学校はオープン・スペースの実践を積極的にされてきた学校です。

　その中で，次のような学習材が用意されていました。

・写真資料
・読み物資料
・VTR 資料
・CAI（コンピュータを使用した学習システム）

などです。高橋は，

展示された当時の生活用品等

資料と掲示資料

　「教師は，一度に資料を展示するのではなく，日ごとに少しずつ資料をオープン・スペースに提示していくことにより，児童も次から次へと出てくる資料を期待して待つようになってきた」

と述べています。

　資料を提示するタイミングなども考えさせられます。

　これらの学習材は，今では，ICT 端末にたくさん入れることができます。例えばロイロでは，次のような「資料箱」が活用できます。単元ごとに資料を分けておき，必要に応じて子どもたちはいつでも取り出すことができます。

▶資料箱

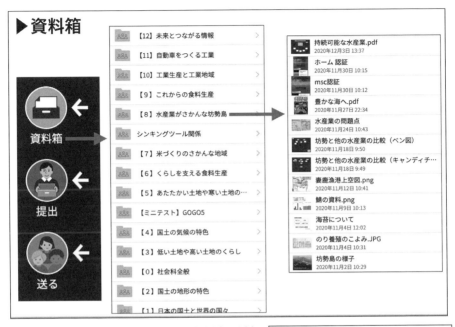

【12】未来とつながる情報	持続可能な水産業.pdf 2020年12月3日 13:37
【11】自動車をつくる工業	ホーム 認証 2020年11月30日 10:15
【10】工業生産と工業地域	msc認証 2020年11月30日 10:12
【9】これからの食料生産	豊かな海へ.pdf 2020年11月27日 22:34
【8】水産業がさかんな坊勢島	水産業の問題点 2020年11月24日 10:43
シンキングツール関係	坊勢と他の水産業の比較（ベン図） 2020年11月18日 9:50
【7】米づくりのさかんな地域	坊勢と他の水産業の比較（キャンディチ… 2020年11月18日 9:49
【6】くらしを支える食料生産	妻鹿漁港上空図.png 2020年11月12日 10:41
【5】あたたかい土地や寒い土地の…	鯖の資料.png 2020年11月9日 10:13
【ミニテスト】GOGO5	海苔について 2020年11月4日 12:02
【4】国土の気候の特色	のり養殖のこよみ.JPG 2020年11月4日 10:31
【3】低い土地や高い土地のくらし	坊勢島の様子 2020年11月2日 10:29
【0】社会科全般	
【2】国土の地形の特色	
【1】日本の国土と世界の国々	

資料箱　提出　送る

　随時，ロイロを使って簡単に資料を送付することもできます。

　ただ，その中でも入れられない物は「人」と「もの」です。これらをどのように学習材として用意していくかを考えることが重要になってきます。

　本書では，右図のように，資料の一覧表も作成されていました。

3 ねらいがあってこその「材」

　私が注目したのは，氏が作成した「単元の目標分析」（前掲書 p.88，89参照）です。次のように述べています。

　「子どもの意欲を高めるために，教師は単位時間より，まず，単元全体の見通しをたてることである。そのためには，単元の目標分析を考えることである」

　木を見る前に森を見ることが重要だということです。

88　第二部　学習環境（学習材）づくりと学習活動の実際

目 標 分 析　「戦争と国民生活」

Ⅱ　小学校6年「戦争と国民生活」89

学習力（行動の要因）内容の要素		認　知　的　領　域				技　能　的　領　域			情　意　的　領　域	
		知　識・理　解		社 会 認 識 の 過 程		技　能			態　　度	
		用　語	事 実 認 識	関 係 把 握	概 念 構 成	模 倣 的	主 体 的	興味・関心	社会性・価値感	
長く続いた戦争		・軍部の台頭 ・満州事変 ・日中戦争 ・第二次世界大戦 ・太平洋戦争 ・ポツダム宣言 ・日本の敗戦	戦争の経過について年表と地図により説明できる	政党政治のゆきづまりが軍部の台頭をもたらしたことが説明できる	政党政治のゆきづまりにより軍部の変をはじめとする15年戦争へ突入していった。しかし，戦況が不利になり，ポツダム宣言を受け入れ降伏したことをとらえることができる.	戦争のあゆみ（年表）を読みとることができる. 「日中戦争」「戦場となったアジア，太平洋の地域」の地図から日本軍の動きを述べることができる.	祖父母や父母の戦争体験などをもとにして年表や資料を作ることができる.	祖父母や父母などから戦争についての体験を聞いての資料を集めることができる. 戦争に関する本を読んだりニュースを見ることができる.	身のまわりの物に対して，節約しようとする態度を養う. 学級や学校に，あだな，いたずらをなくし仲よく生活できるようにする.	
苦しい国民生活	学校生活	温知国民学校	算数の教科書に大砲，軍艦などの言葉が使われていたことがわかる.	学校生活全般にわたって戦争と関係していたことが説明できる.	戦争のため食料増産に力を入れたり，集団疎開などによって学習に打ち込むことができなかった子どもたちの不自由な生活についてとらえることができる.	国民学校の資料から，当時の子どもたちの学校生活を読みとることができる.	読み物，CAI，VTRなどの資料を活用しながら，取材メモをとることによって新聞をつくることができる.	アフリカの飢餓の子どもたちを少しでも救うような働きができる.		
		食料の増産	校庭や川原を開墾し食料の増産につとめていたことがわかる.							
	集団疎開	集団疎開	空襲をのがれて名古屋の六反国民学校の子どもたちが温知国民学校へ集団疎開していたことが説明できる.	家族と離れ，池田町で生活していた子どもたちのさみしい気持ちがわかる.		温知国民学校へ疎開した子どもたち（CAI），六反国民学校の疎開（VTR）などから疎開した子どもたちの生活をつかむことができる.		「二度と戦争をおこしてはならない」という心がまえを育てる.		
		空襲								
	家庭生活	配給	食料や衣類が不足したので，切符による配給がおこなわれていたことを説明できる.	戦時中と現在の食生活を比較し，当時のまずしさがわかる.	物資が不足していたため，国民は耐乏生活を強いられていたことが推測できる.	「さつまいもの配給」（写真），食料難（作文）の資料から，生活物資が不足していたことを読みとることができる.				

　目標があってこその「材」です。なんとなく用意をするのではなく，目標を達成するためにどのような学習材が必要かを考えなければいけません。

　教材はこのように，何のための学習材かを考えながら用意する必要があり

172

ます。事前の準備が子どもの学びを豊かにすることは間違いありません。

　そして，今までの学習材は，教師の都合，教師のタイミングで使ってきたことが多いでしょう。これからは，子どもの都合，子どものタイミングで使えるようにしていくべきです。子どもに委ねた方が子どもたちは柔軟に効果的に学ぶことがよくあります。リアルな材があふれる環境づくりも意識したいものです。

〈参考資料〉
・加藤幸次，浅沼茂 編著（1987）『学習環境づくりと学習材の開発』明治図書
・加藤幸次，石坂和夫 編著（1987）『指導・学習活動の展開』明治図書
・加藤幸次（1989）『個性を生かす先生』図書文化社
・岐阜県揖斐郡池田町立池田小学校（1987）『指導の個別化・学習の個性化』明治図書

13 学習環境

1 オープンエデュケーション

　オープンエデュケーションと呼ばれる教育法は，あらゆる面で開放的であろうとすることを信条としていました。

「教室が教室のように見えない」

「子どもたち全員が動いているという印象を受ける」

「どの子どもも楽しそうにものごとに取り組んでいる」

という当時の声があったようです。

　このような教育を支える理念・原則は，「子どもの環境を整えて，子どもがまわりとよりよく交渉できるようにすることを通じて発達を促す」という考えです。

　『オープンエデュケーション入門』の中で，ヘンダーソンによるオープン・エデュケーションの規準として，次の5つを紹介しています。

①学習と教授に関し，その成果よりもむしろその過程を大切にする。

②子供たちに，いろいろな活動の中から選ばせるように配慮する。

③技能や知識を教科に区分するという伝統的なやり方とは対照的に，それらを統合された形で取り扱おうとする。

④子供たちを進路別・能力別に編成するのとは対照的に，ランダムな集団ないし異質の集団を作って，子供たちが相互に学びあえるようにする。

⑤教師は，個々の子供たちによって示された行動を手がかりに，子供が既に知っているものや彼の興味や技能を更に伸ばそうとして教育する。

　こうした考え方は，望ましい行動変容があらかじめ教師やカリキュラ

ム内容によって決定されているような教え方と，対照をなす。

　具体的な材料を含めて，学習資料を豊富に用意すること。そのスペースを子どもが自由に動き，自分の活動を選ぶことができること。これらが特徴的と言えます。子どもが全くの自由ということではなく，教師は間接的に子どもを導く存在であることが望まれます。

2 ｜ 学習環境はよりよい小宇宙

　p.168で紹介した『学習環境づくりと学習材の開発』の中で「学習環境はよりよい小宇宙となるべきである」と表現しているように，学習環境とは，創造的で探究的な価値のある物的・人的環境のことを言います。

　同書で次のように述べられています。

　「学習環境というと，私たちは学校建築や教室空間などの物理的条件だけを思い浮かべがちであるが，ここではそのような物理的空間だけではなく生徒をとり巻く環境一般をさす。それは，教材はもちろんのこと，先生と生徒，そして生徒と生徒との人間関係，相互作用からなる雰囲気をも含めた環境一般をさす。これらの物的，心理的なものからなるいろいろな要素の総体を含め，オープン・スペースにおける学習環境づくりは，学校全体を肥沃な土壌をもった環境へと変えていくことをめざすものである」

　さらに，次のようにまとめています。

・学習環境づくりでは，物的な環境をオープンにするということだけにとどまらず，自由な学校空間の中に，学校外の諸々の教育的影響力に勝るような教育企画を創り出していくことを目ざす。
・子どもたちが自発的に学べる洗練された質の高い学習材の開発が必要である。
・学習環境づくりにおいては，先生と子どもたち，あるいは子どもたち同士の対話の構造が大事な要素である。

子どもたちの自由度を高め，子どもたちが主体的に学んでいける物的，心理的環境をつくることの重要性がうかがえます。

その子にとって安心して学べる最適な学習空間の確保や，環境を整えることも，個別最適な学びを実現するための重要な手だてと考えられます。

3 ｜ 個別化・個性化を支える条件

岐阜県揖斐郡池田町立池田小学校の『指導の個別化・学習の個性化　地域社会に支えられた学校』という書籍があります。本書は，教育の個別化・個性化を日常の具体的な実践を通して学校と地域が一体となって求め続けた7年間の詳細な記録です。本書の「はじめに」の中に，次のように記されています。

> めざすところは，個性・能力の最大限の伸長であり，学校の人間化であり，生涯にわたる自己教育力としての態度，意志，知識，方法の体得である。それは，豊かな人間性の育成であり，自主性，創造性の育成を図る個別化・個性化教育の具体的な実践展開である。

想いや願いにあふれた一冊となっています。

本書の第4章では，「教育の個別化・個性化を支える条件」という章が立てられています。

一　学習の場の充実と活用
　　1　豊かな物的環境
　　　自由で柔軟な雰囲気／学習センターと視聴覚設備／特別教室とその附属施設／多目的ホール／フィールドアスレチック等体育施設／理科施設
　　2　一人ひとりの学習に応ずるオープン・スペース
　　　急増するオープン・スペース・スクール／多様な学習活動を保障する／ティーム・ティーチングとオープン・スペース／ダイナミックなス

ペースの活用／教室とオープン・スペースの一体化／スペースの改善と工夫

3　自学をすすめる「全校博物館」構想
　⑴　社会科の設備　くらしを学校の中へ／博物館の世話をして
　⑵　理科の設備　大きな石が動いた／わたしはミニ天文学者／雲のチャンピオン大会／いっぱいいるよ動物園
　⑶　栽培と飼育　土にふれて／動物の世話をして
　⑷　全校が図書館　図書をオープン・スペースに分散する／図書室もある
二　コンピュータの導入と活用
　1　コンピュータと子どもたち
　　子どもがよろこぶ／自由に使える
　2　オープンスペースでのコンピュータ活用
　　子どもを伸ばし教師を助ける／自分の選んだ資料で／力に合ったコースで／こんな活用もしている

　内容をすべて紹介することはできませんが，目次を見るだけでも池田小学校の「本気度」が伝わってきます。施設の構造的なものもあるので，もちろん当時と同じようにすることは難しいです。しかし，その時代に熱を入れながら取り組まれた実践から学ぶことは多いです。

　また，本書の最後に「地域社会の人々に支えられて」という第5章を立てているのが印象深いです。学びを促すのは，やはり人です。豊かな人的環境，実感や実体験から得られる教育的効果を今だからこそ大切にしたいという想いが常にあります。

4 ｜ 空間の持つ教育力

　アメリカの知覚心理学者であるジェームズ・J・ギブソンが1950年代にafford（与える，提供する）を名詞化した造語に，「アフォーダンス」とい

う言葉があります。『アフォーダンス　新しい認知の理論』の中では，「環境が動物に与え，提供している意味や価値」と定義づけられています。物的環境が何らかのメッセージを発しており，受け取る人の行動に影響を与えるという考え方です。そこにものがあることで導き出される学びがあります。

　例えば，教室前の廊下を考えてみます。そこに社会科授業関係のものを置き，「小さな博物館」にしてみてはどうでしょうか。

・土器のレプリカ
・スマート農業の書籍
・オリンピックに関係する新聞記事
・伝統工芸士が作った作品
・自主学習ノート

などが考えられます。

　佐野亮子（2021）は，学習環境整備について次のように述べています。

　「環境整備には『学習活動を刺激する活動』と『学習を促進する環境』の２つの整備がある。掲示物や展示物も含め子どもの学習の拠りどころとなる学習材を，刺激と促進のどちらに重点をおいて整備するかは，教科単元の特性や子どもの学習適性によって時々で変わってくる。そこに整備する教師の個性も加わるので，同じ単元でも学校によって学習環境の様子は異なる」

　学校の状況，目の前の子どもの様子，教師の考え方等によって大きく変わってくるものが学習環境整備だと考えられます。

　このような学習環境整備は手間が大きくかかることが課題です。しかし，子どもたちは適切な環境があれば学びます。学習環境を整えるだけで学びが大きく促進される子は必ずいます。教師のさりげない環境づくりが子どもの学びの発動源になれば嬉しいものです。そして，「教師こそ最大の教育環境」であることを忘れてはいけません。

〈参考資料〉
・波多野誼余夫，久原恵子（1976）『入門教育心理学』有斐閣
・スポーデク，ウォルバーグ 編著／佐伯正一，栗田修 解説・訳（1977）『オープン・エデュ
　ケーション入門』明治図書
・加藤幸次，浅沼茂 編著（1987）『学習環境づくりと学習材の開発』明治図書
・波多野誼余夫 編（1980）『自己学習能力を育てる』東京大学出版会
・加藤幸次，石坂和夫（1987）『指導・学習活動の展開』明治図書
・岐阜県揖斐郡池田町立池田小学校（1987）『指導の個別化・学習の個性化』明治図書
・佐々木正人（1994）『アフォーダンス　新しい認知の理論』岩波書店
・奈須正裕 編集代表（2014）『しっかり教える授業・本気で任せる授業』ぎょうせい
・奈須正裕 編著（2021）『「少ない時数で豊かに学ぶ」授業のつくり方』ぎょうせい

14 学級の支持的・自治的風土

1 | ルールとリレーション

　河村茂雄（2012）は，学級集団の必要条件として，「ルールの確立」と「リレーションの確立」をあげています。

　「ルールの確立」とは，「集団内に，規律，共有された行動様式がある」という状態です。ルールは，学級の全員に理解され，定着していることが必要です。そうすることで，対人トラブルが減少し，安心感を持って友達との交流も促進されます。

　「リレーションの確立」とは，「集団内に，児童生徒の良好な人間関係，役割交流だけでなく，感情交流も含まれた内面的な関わりを含む親和的な人間関係がある」状態のことです。互いに構えず，本音レベルの感情交流ができる状態です。リレーションがあると，子どもたち同士に仲間意識が生まれ，集団活動が協力的に活発になります。

　子どもたち一人ひとりが居心地のよさを感じる学級になるためには，学級にこれらの「ルール」と「リレーション」の2つの要素が同時に確立している必要があります。

2 | 学級集団育成の手順

　赤坂真二（2020）は，次頁図のように，学級集団育成の手順として，「①教師のリーダーシップ」「②子ども相互の良好な関係」「③学級機能」を挙げています。

　①では，子どもとの信頼関係を築き，それに基づいた教師の柔軟なリーダーシップを発揮することが求められます。

　②では，自己理解と他者を尊重する気持ちをもとに，子ども同士の良好な

関係を築くことが求められます。

　③では，子どもたちが自治的・自発的な活動を組織し，協働的に問題解決を図れるようになることが求められます。

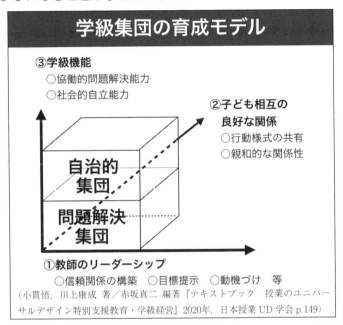

（小貫悟，川上康成 著／赤坂真二 編著『テキストブック　授業のユニバーサルデザイン特別支援教育・学級経営』2020年，日本授業 UD 学会 p.149）

3 ｜ 教師のリーダーシップ

　先に述べたように，「学級集団」を支えているものは「ルール（共有された行動様式）」と「リレーション（あたたかな感情交流）」です。「やってはいけないこと」と「やるべきこと」を教え，身につけさせます。しかし，「ルール」は勝手に確立されません。集団の中でつくり上げていくものです。そしてその「ルール」は，教師と子どものよりよい関係がないと成り立ちません。信頼関係が重要です。

　まず，教師の柔軟なリーダーシップを発揮し，Ｔ－Ｃの信頼関係を築くことが重要です。子どもたちは「何を言うか」ではなく，「だれが言うか」で動きます。つまり，教師のやりかたではなく「あり方」です。

❶やる気を引き出す ●━━━━━━━━━━━━━━━━━━━━━━━━━●

　子どもたちは「できるようにわかるようにしてくれる先生」「つながって
くれる先生」に学びたいと感じています。子どもたちの信頼を得るためにも，
「子どもたちをできるようにすること」「子どもたちとつながること」を考え
る必要があります。

　子どもたちが「できること」を実感するために，子どもたちの「やる気
（内発的学習意欲）」を引き出すようにします。やる気の源は「有能感」「自
己決定感」「他者受容感」であると桜井茂男（1997）は言います。自分はで
きることがあると感じ，自分で選択することができ，人から認められるから
こそやる気が出ます。

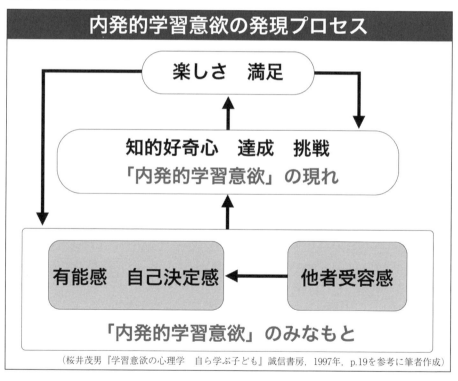

（桜井茂男『学習意欲の心理学　自ら学ぶ子ども』誠信書房，1997年，p.19を参考に筆者作成）

子どもたちは安心できる状態の時にやる気が出ます。まずその安心感を持たせるために教師がすることは，

> ①いつもいて一貫すること
> ②体のケアをするということ
> ③感情のケアをするということ

です。まずは教師が子どもの安全基地になり，安心感を持たせます。それが教師への信頼につながります。

❷子どもとつながる

　教師は子どもたちとつながろうとすることに努めます。特に，教師の周りに自ら来ない子どもたちとのつながりをいつも意識します。一人ひとりと個別の話題があるかどうか，一人ひとりの名前を思い浮かべて考えるようにします。

　当たり前のことですが，相手に関心を持つことが大切です。関心を持つからこそその子を見ることができ，その子の表現を認めることができ，共に笑うことができます。子どもとつながるための方法はたくさんあります。その手間暇をしっかりとかけることが重要です。

　野口芳宏（2010）は教育という営みが成立するための，教師と子どもたちとの間の必要条件として「信」「敬」「慕」の3つをあげています。教師が子どもたちに信頼されること，尊敬されること，慕われることです。

　教師としての「あり方」を意識し，常に子どもへの愛情を持ち続けたいものです。

4 ｜ 子ども同士をつなげる

　子どもは，経験もなしにつながることはありません。子ども同士の信頼を築くには，それなりの経験が必要です。日常生活や学級活動，学校行事などの特別活動での経験が考えられます。しかし，学校生活の中で子どもたちが最も多い時間をすごしているのは授業時間です。授業の中で子ども同士がつ

ながる方法について考えてみます。

　例えば，授業の中で考えられる共有化の方法です。共有化とは，一人の考えのよさを全員に広げ，全員でよりよい考えをつくり出していくことです。つながりを深めるために「みんなで学んでいる」ということをより強く意識します。

❶共有化の具体例 ●━━━━━━━━━━━━━━━━━━━━━●

　５年生の「高い土地のくらし」群馬県嬬恋村の事例で説明します。「高い土地の冷涼な気候を生かしたキャベツ栽培・出荷の工夫について理解すること」が本時のねらいです。

　授業の「山場」の場面で考えます。ブラインドをかけたグラフを提示します。どの季節もキャベツの生産が行われていることを確認した後，ブラインドを外します。群馬県産のキャベツが多く出荷される季節がわかります。群馬県産のキャベツの夏秋出荷が多い理由を，地理的な

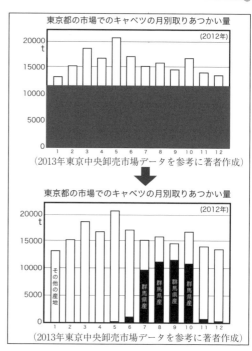

視点（自然条件）から他の地域と比較することで，「群馬県産のキャベツは高い土地の涼しい気候を利用して夏に栽培している」と発言する子どもが出てきます。その子どもの発言をペアで話して再生させます。一人が得た概念等に関わる知識を全員に広げます。さらに，夏に生産することの「よさ」を考えさせます。需要と価格について関係的な視点（経済）から捉えることで，「群馬県は夏の涼しい気候を利用してキャベツ生産を行い，他県の出荷が少ない夏に多く出荷できる。そうすることで，高い値段で販売することができ，

利益が上がる」という概念等に関わる知識を獲得する子どもが出てきます。ある子どもが「あ，わかった。他県の出荷が少ない夏に出荷することで……」と発言します。その子の発言を途中で止め，「Aさんが，この後どんなことを言うか想像できますか？」とAさんの発言を手がかりに，全員で考えを継続させます。「高い値段で販売し，利益を得ることができる」とAさん以外の子が答えます。

❷共有化の目的

　共有化を図ることで，理解がゆっくりな子は，他の子の考えを聞きながら理解を進めることができます。理解の早い子は，他の子へ考えを伝えることでより深い理解につながります。このように，「学級のみんなと学ぶと，学びがより深くなる」ことを実感させ，価値付けたいものです。共有化は，学びを深めるとともに，安心して学びを進められる雰囲気をつくることができます。

❸ベースは安心感

　共有化を行うベースとなるものは，「安心感」です。「何を言っても受け止めてもらえる」「間違えても価値付けてもらえる」「わからなくても助け合える」このようなことを子どもたちが感じているかどうかが重要となります。そのために，誰でも自由に話せる雰囲気をつくることが大切です。その一つの方法として，事実や考えを問うよりも，予想する場面を増やし，「発言する」というハードルを下げることが考えられます。まずは，発言することに対する抵抗感を減らしていきます。そして，その中で出てくる「わからない」という声を称賛し，「わからない」という声があるからこそ学習内容が深まったり発展したりするということを価値付けます。日頃の授業に対する意識とその積み重ねが，子どもたちの「安心感」を醸成させていきます。

　とはいえ，「わからない」と言うことはなかなかハードルが高いです。「わからない」を出させるために，

「今，当てられたら困る人？」
「正直，スッキリしていない人？」
「頭の中に「？」がある人？」
「ヒントがほしい人？」

と，少し問い方を変えてみるのもいいかもしれません。問い方は違いますが，その答えはすべて「わからない」と言っているのと同じです。

また，子どもが誤答を言った時に教師がどのように反応するかで大きく変わってきます。

誤答そのものに反応するのではなく，その意味や考え方に反応します。「○○さんはどう考えたのか説明できる人はいますか？」などと訊くことで，その子の思考に寄り添うことができます。「おしい！」「わかるよ」などの温かい声があふれる学級にしていきたいものです（田中博史（2014）を参考）。

5 協働的問題解決能力

集団で生活していれば必ず問題は起こります。問題が起こることが悪いことではありません。問題を解決する方法を教えないことが問題です。子どもたちは，問題を自分たちの力で「乗り越えることができた」と実感した時に，自分の成長を実感します。適切な問題解決の方法を経験させなければ，子どもから成長する機会を奪うことにもなりかねません。

人とつながりながら共に問題を解決していこうとする「協働的問題解決能力」が必要です。学級経営は，指導すべき内容があり，その中核となるものが，「協働的問題解決能力」です。

問題解決能力が低い子は，好ましくない状態がある時に負の感情を持ったり，人を攻撃したりします。そうではなく，よい方法を提案できる子にするべきです。まずは，学級の中に一定の「問題解決実行者」を育てることが重要です。協働的問題解決者を増やすために，「集団」を育てることが必須です。もちろん，「集団」を育てるために協働的問題解決者を増やすことでも

あります。

　その協働的問題解決能力を使って幸せな人生の創造や社会への貢献に向かえるようにします。

　ただ，協働は万能でありません。赤坂真二（2018）は，協働のリスクとして次の４つをあげています。

---

①ただ乗り（コストをかけずに成果を得ようとする）

②社会的抑止（人からどう言われるのかを意識しすぎる）

③思考の阻害（自分のペースで学習したり作業したりできない）

④同調圧力（空気を読まされる）

　このようなことを前提とした上で，リスクがあろうとも，よりよい結果が出せる道を教師が選択することが大切です。教師は子どもたちとつながり，子どもたち同士をつなげ，協働的問題解決能力がある集団を育てるように心がけたいものです。

　杉田洋（2009）は，子どもたちに育みたい自治的能力を「多様な他者と折り合いをつけて集団決定することができる力」と「集団決定したことをそれぞれが役割を果たしながら，協力して実現することのできる力」だと言います。

　学級の支持的・自治的風土があり，共に問題を解決していこうという協働的問題解決能力がある集団でこそ，個別最適な学びが機能します。

〈**参考資料**〉

・河村茂雄（2012）『学級集団づくりのゼロ段階　学級経営力を高める Q-U 式学級集団づくり入門』図書文化社
・赤坂真二 編著／小貫悟，川上康則 著（2020）『テキストブック　授業のユニバーサルデザイン　特別支援教育・学級経営』日本授業 UD 学会
・桜井茂男（1997）『学習意欲の心理学　自ら学ぶ子どもを育てる』誠信書房
・野口芳宏（2010）『利他の教育実践哲学』小学館
・村田辰明 編著／宗實直樹，佐藤正寿 著（2021）『テキストブック　授業のユニバーサルデザイン　社会』日本授業 UD 学会
・田中博史（2015）『田中博史の算数授業4・5・6年&授業を支える学級づくり』東洋館出版社
・赤坂真二（2018）『資質・能力を育てる問題解決型学級経営』明治図書
・杉田洋（2009）『よりよい人間関係を築く特別活動』図書文化社
・白松賢（2017）『学級経営の教科書』東洋館出版社
・田中博史（2014）『子どもが変わる接し方』東洋館出版社
・宗實直樹（2022）『1人1台端末で変える！学級づくり365日の ICT 活用術』明治図書

おわりに

　「個別最適な学び」について考えれば考えるほど，次のことを突きつけられました。

　・「個」を徹底的に見られているのか
　・豊かな「観」をもちあわせているのか
　・教科の本質を捉えているのか

　自分自身のあり方を何度もふり返りました。一人ひとりの子どもの「豊かさ」について何度も考えました。子どもが自立した学び手となり，これからの時代にどう対応していくのか，どう切り拓いていくのか，そのようなことを深く考えるようになりました。

　個を大切にする，個に寄り添う，現場ではけっこう簡単に使われる言葉です。しかし，実際は簡単なことではありません。私自身の課題でもあります。子どもに寄り添うとは，その子の学びが成立する最後まで責任を持つことだと考えます。そのためにはやはり子どもをよくみて子どもの学びを追い続けること。これにつきます。

　佐伯胖（1995）は，『「わかる」ということの意味』の中で次のように述べます。

　「『先生』というのは，まず本人自身が，文化的活動として，知識を再発見し，鑑賞する活動に従事する者でなければなりません」

　「『先生』というのは，『どう教えるか』のみに関心のある人ではなく，『いったい，ものごとはどうなんだろう』という好奇心と探究心をもって，文化に参加している人でなければならないのです」

　「先生は子どもを『ともにわかろうとする』パートナーとしてながめ，子どもは先生を『ともにわかろうとしている人』としてながめることが必要で

す」

　教師自身が学び続ける者であり，子どもと共に歩み続ける者であることが大切です。そうすることで，見える世界が変わってくると感じています。「個別最適な学び」について考えることは教師自身の成長を考えることではないかと考えています。

　今回も明治図書出版社の及川誠様，杉浦佐和子様にお世話になりました。お二人にお世話になって上梓させていただくのは今回で4冊目です。今回の書籍は，2冊分の膨大な量の原稿の編集，校正を丁寧にしていただきました。特に〈理論編〉では，日に日に更新される考えを入れるために多くの「わがまま」をお伝えしました。それにもかかわらず，その都度よりよくなるように工面してくださいました。心より感謝いたします。

　「個別最適な学び」を考え，まとめるにあたって，今まで大切にしてきたことを確認するとともに，「個別最適な学び」に関係する諸処の問題についても新たに学ぶことができました。また，表現すればするほど，同じ問題意識や考えを持った人たちとの交流をすることができました。改めて学習者主体の学びとは何なのかを考え，認識をより深められる機会に恵まれました。これから，さらにそのような機会が増えていくと考えています。

　おそらく，これからの私たちに必要なことは，実践をもとに子どもの姿を通して対話を繰り返すことです。子どもたちの豊かな学びを実現するために，共に問い続け，共に語り合っていきたいです。

宗實　直樹

【著者紹介】

宗實　直樹（むねざね　なおき）

関西学院初等部教諭。授業研究会「山の麓の会」代表。
1977年兵庫県姫路市夢前町に生まれる。
大学では芸術系美術分野を専攻し，美学と絵画（油彩）を中心に学ぶ。卒業論文は「ファッションの人間学」。大学卒業後，兵庫県姫路市の公立小学校，瀬戸内海に浮かぶ島の小学校を経て，2015年より現任校へ。
主著に『宗實直樹の社会科授業デザイン』（東洋館出版社），『社会科の「つまずき」指導術』『深い学びに導く社会科新発問パターン集』『１人１台端末で変える！学級づくり365日のICT活用術』（以上，明治図書），共著に『歴史人物エピソードからつくる社会科授業42＋α』『GIGAスクール構想で変える！１人１台端末時代の授業づくり２』『社会科授業がもっと楽しくなる仕掛け術』『GIGAスクール構想で変える！１人１台端末時代の社会授業づくり』（以上，明治図書）など。『社会科教育』（明治図書）を中心に論文多数。
様々な場所でフィールドワークを重ね，人との出会いを通じて独自の教材開発を進めている。社会科教育，美術科教育，特別活動を軸に，「豊かさ」のある授業づくり，たくましくしなやかな子どもの育成を目指して，反省的実践を繰り返す。
ブログ「社会のタネ」（https://yohhoi.hatenablog.com/）において，社会科理論や実践を中心に日々発信中。
メール：yamanofumoto2012@gmail.com

社会科「個別最適な学び」授業デザイン　理論編

2023年１月初版第１刷刊	©著　者	宗　實　直　樹
2024年１月初版第３刷刊	発行者	藤　原　光　政
	発行所	明治図書出版株式会社

http://www.meijitosho.co.jp
（企画）及川　誠（校正）杉浦佐和子
〒114-0023　東京都北区滝野川7-46-1
振替00160-5-151318　電話03(5907)6703
ご注文窓口　電話03(5907)6668

＊検印省略　　　　　組版所　中　央　美　版

Printed in Japan　　　　ISBN978-4-18-333137-3
もれなくクーポンがもらえる！読者アンケートはこちらから